Singapore

D1330229

Anne Dehne

Inhoud

Selamat datang!

Te gast in Singapore

De skyline van Singapore bij zonsondergang

12 Hoogtepunten

Inhoud

Extra-routes

25 Extra-tips

Singapore op internet

De tijd van de internetcafés loopt in Singapore al weer ten einde, want in het kader van het door de overheid opgezette project Wireless@SG zijn met ingang van januari 2007 de belangrijkste plekken van Singapore uitgerust met WLAN (wi-fi); in augustus 2007 waren er al meer dan 5000 hotspots. De toegang tot internet is zowel voor bewoners van Singapore als bezoekers tot eind 2009 gratis; men moet zich alleen aanmelden. Details zijn te vinden op www.ida.gov.sg

Wie geen laptop bij zich heeft, blijft uiteraard afhankelijk van internetcafés. Ook veel hotels bieden toegang tot internet, maar sommige brengen daarvoor belachelijk hoge kosten in rekening. Internetcafés zijn te vinden in tal van winkelcentra langs Orchard Road en in andere delen van de stad; de meeste zijn tot laat in de avond geopend. Twee adressen:

CyberArena Internet Point, #01-09 Capitol Building, 11 Stamford Road, MRT City Hall, tel. 63 34 12 60, dag. 10–24 uur. Filiaal: 39 Cuppage Road (bij Orchard Road), MRT Somerset Orchard, tel. 67 38 15 40.

Cyberia, #02-28 Far East Shopping Centre, 545 Orchard Road, MRT Orchard, tel. 67 32 13 09, dag. 10–23 uur.

Landcode Singapore: .sg

Singapore algemeen
http://singapore.startpagina.nl
Vele tientallen links, o.a. over vliegtickets, bezienswaardigheden, evenementen, sport, hotels, restaurants en reisverslagen.

www.visitsingapore.com
De zeer verzorgde website van de Singapore Tourism Board bevat een schat aan informatie die bij de planning van uw reis en tijdens uw verblijf goed van pas kan komen: restaurants, accommodatie, bezienswaardigheden, culturele agenda, openbaar vervoer, jaarmarkten en congressen – bijzonder praktisch.

www.streetdirectory.com
Online-stadsplattegronden van de voor toeristen interessante wijken, evenals tal van rubrieken, o.a. 'Singapore Travel Guide' (algemene toeristische informatie), 'SD Local Guide' (praktische tips voor het uitgaansleven) en 'Food Advisor' (eethuisjes en restaurants).

Eten, drinken en uitgaan
www.eatshiokshiok.com
Inwoners van Singapore geven hun mening over cafés, restaurants, de beste stalletjes in *food centres* en dergelijke.

www.expatsingapore.com
Alles over wonen en werken in Singapore – het meeste is bedoeld voor *expats*, maar rubrieken als eten en uitgaan zijn ook interessant voor bezoekers; helaas is sommige informatie enigszins verouderd. Met chatforum.

Gay en lesbian
www.utopia-asia.com
Het portal Asian Gay & Lesbian Resources heeft een link naar Singapore: www.utopia-asia.com/tipssing.htm – hier is een schat aan informatie te vinden.

Weer
www.fox.nl/weer.asp?DestinationID=61
Het weerbericht voor Singapore voor twee weken.

5

Selamat

Hartelijk welkom in Singapore, een stadstaat met tal van gezichten – enerzijds een moderne, snelgroeiende zakenstad naar Amerikaanse snit, het winkelparadijs van de regio en samen met Hongkong en Tokio het financiële centrum van Azië, anderzijds een Aziatische stad waar eeuwenoude tradities nog een belangrijke rol spelen. Precisie en perfectie, glitter en glamour, de hoge wolkenkrabbers van het

6

datang!

Financial District, de (post-)moderne architectuur van Orchard Road en Marina Bay, de onafzienbare satellietsteden met hun gelijkvormige torenflats – dat alles hoort net zo goed bij Singapore als de oude wijken Chinatown, Little India en Kampong Glam. Singapore – een mozaïek van traditie en de moderne tijd, een fascinerende stad vol tegenstellingen, die in Azië zijn gelijke niet kent.

Selamat datang!

Oude pakhuizen aan Boat Quay, nu een populaire uitgaanswijk

Goed geklede mensen en dure auto's, hoge flatgebouwen, onafzienbare winkelcomplexen met duizenden winkeltjes, boetieks en warenhuizen, evenals luxueuze hotels, restaurants, cafés en bars, hier en daar afgewisseld door een open plek of een rij fraai gerestaureerde oude winkelpanden die aan de slopershamer ontsnapt zijn – dat is de eerste indruk van Orchard Road, de wijk Marina Bay en de omgeving van Bugis Village.

Buitenlanders die Singapore voor het eerst bezoeken kunnen zich dikwijls nauwelijks voorstellen dat deze stad in Azië ligt - weinig grote steden maken op het eerste gezicht een welvarender, schonere en zelfs groenere indruk. Maar Singapore is een stad met vele gezichten, wat vooral te danken is aan de uiteenlopende afkomst van de bevolkingsgroepen die er wonen.

Chinezen, Indiërs en Maleiers

Een wandeling door Chinatown, Little India en Kampong Glam, die door de stichter van de Britse kolonie, Sir Stamford Raffles, in 1823 werden toegewezen aan de verschillende bevolkingsgroepen van de snelgroeiende stad, maakt al snel duidelijk dat Singapore veel meer te bieden heeft dan reusachtige winkelcomplexen en wolkenkrabbers.

Zeker, de winkeltjes en straatmarkten van Little India en Chinatown – een wijk die in de schaduw ligt van de kantoorcomplexen van het Financial District – zijn sterk gericht op het toerisme, maar daarachter gaat het dagelijks leven van de bewoners als vanouds zijn gangetje.

Veel traditionele ambachtslieden, zoals kalligrafen en houtsnijders die zich toeleggen op het maken van godenbeelden, zijn door de sterk gestegen huurprijzen inmiddels verdreven naar de voorsteden, maar in de *food centres* en *wet markets* (levensmiddelenmarkten) heerst nog steeds een hectische sfeer. In hemd geklede straatventers bieden er hun doerians te koop aan – stekelige vruchten ter grootte van een voetbal die een uiterst onaangename lucht verspreiden – terwijl mannen in de koffiehuizen mahjong spelen.

Vanaf Chinatown is het met de MRT (metro) slechts vijf minuten rijden naar Serangoon Road, de hoofdstraat van de wijk Little India. Hier komt men in een heel andere wereld, zoals al te zien is aan het ontwerp en de versieringen van het metrostation Little India. De lucht is er vervuld van de geuren van kruidnagel en curries, uit winkeltjes schallen de laatste Bollywood-hits, en de rode vlekken op het trottoir duiden op een voorliefde voor het kauwen van betelnoot.

De kantoren aan Raffles Place in het Financial District

In sari geklede vrouwen doen er hun inkopen, verkopers van bloemslingers bieden in kraampjes hun waar aan en in de vele *banana leaf restaurants* (waar bananenbladeren dienst doen als wegwerpbord) valt een blanke toerist nog steeds op tussen de Indiase klanten.

In vergelijking met Little India is Kampong Glam, de wijk van de islamitische Maleiers, wat minder kleurrijk – afgezien van Arab Street en Bussorah Street, waar in honderden winkeltjes gevlochten manden, halfedelstenen, stoffen in felle kleuren, huishoudelijke voorwerpen, aromatische oliën en nog veel meer te koop zijn. Het tempo is er wat minder gejaagd dan elders en vanaf de grote sultansmoskee wordt vijf keer per dag opgeroepen tot gebed.

De voorsteden

Dankzij de MRT, de efficiënte airconditioned metro van Singapore, kost het geen enkele moeite om een kijkje te nemen in een van de voorsteden, waar het grootste deel van de Singaporezen tegenwoordig woont. De meeste betonnen flats, die in de jaren zeventig en tachtig van de vorige eeuw in het kader van een ambitieus project van sociale woningbouw zijn opgetrokken, zijn ontworpen in de zakelijke stijl die destijds overal ter wereld opgeld deed. De afgelopen jaren zijn veel woonblokken in de oudere voorsteden gerenoveerd, waarbij men heeft getracht om de eentonigheid van deze wijken te doorbreken door de flats in verschillende kleuren te schilderen. Nieuwbouwwijken van recentere datum worden gekenmerkt door allerlei postmoderne architectonische ontwerpen, die dikwijls in opvallende pasteltinten zijn geschilderd – het geheel heeft veel weg van een Aziatische suikerbakkersstijl. Niettemin maken ook deze wijken, met hun enorme woonblokken die in een klein gebied zijn samengeperst, op veel westerse bezoekers een enigszins deprimerende indruk.

Armoe troef

Door de eenvormige stedenbouw is gemakkelijk te begrijpen waarom sommige bezoekers Singapore een stad zonder eigen gezicht noemen. De meeste inwoners van de stadstaat zien het echter niet zo: ze zijn trots op hun stad, en het zou onjuist zijn om die trots alleen toe te schrijven aan de invloed van de slaafs-regeringsgetrouwe pers.

Vergeet niet dat dit kleine stukje Azië de afgelopen halve eeuw een enorme sprong voorwaarts heeft gemaakt. In de jaren vijftig van de 20e eeuw was Singapore straatarm – een overbevolkt, moerassig gebied waar veel malaria heerste. De bewoners van de talloze

Selamat datang!

kampongs (dorpen) hielden zich ternauwernood in leven met visvangst en het houden van varkens en kippen, terwijl de mannen (als ze geluk hadden) een karig loon verdienden als loonarbeider. Alleen in het centrum van de stad stonden *shop houses* van twee of drie verdiepingen. Hier woonden en werkten hele families: op de begane grond was een klein winkeltje of werkplaats, de vertrekken erboven dienden als woning (of werden verhuurd). In de kleine, smoorhete kamertjes woonden soms wel tien mensen, zonder stromend water, sanitair en elektriciteit. Intussen zijn de meeste van deze winkelpanden afgebroken; slechts een klein aantal is de afgelopen tien jaar gerestaureerd.

Wie Singapore nu ziet kan zich nauwelijks voorstellen dat de tijd van diepe armoede nog maar twee generaties geleden is.

De jaren van verandering

In de jaren vijftig van de 20e eeuw kwam Lee Kuan Yew aan de macht, een politicus die als geen ander zijn stempel op Singapore heeft gedrukt. Deze jurist, die in Cambridge had gestudeerd, won in 1959 de eerste algemene verkiezingen. In de loop van de daaropvolgende jaren wist hij zich van alle politieke tegenstanders te ontdoen en maakte hij zich met zijn partij, de PAP (People's Action Plan), op om de arme stadstaat om te vormen tot een economisch wonder dat in de wereld zijn gelijke niet kende.

Onder zijn bewind ontwikkelde Singapore zich binnen twintig jaar tot de economische aanjager van Zuidoost-Azië – en maakten de bewoners van de stad in dezelfde periode de transformatie van bittere armoede tot welstand door. Ook in de jaren tachtig en negentig kwam er geen eind aan die ontwikkeling. Alleen de financiële crisis in Azië aan het eind van de 20e eeuw veroorzaakte een kortstondige inzinking.

In 1990 legde Lee Kuan Yew zijn ambt als premier neer, maar de bewoners van Singapore, die intussen uitstekend wisten waar ze met Lee aan toe waren, beschouwden zijn opvolger Goh Chok Tong als weinig anders dan de wegbereider voor een van de zonen van Lee. De geschiedenis heeft hen in het gelijk gesteld: in 2004 werd Goh Chok Tong als premier opgevolgd door Lee Hsieng Loong. Achter de schermen is de invloed van Lee-senior ook nu nog immens groot. Singapore is in feite een eenpartijstaat, waar een familiedynastie de politieke koers uitzet.

Nieuwe uitdagingen

Momenteel staan de machthebbers voor een nieuwe opgave. Lee Kuan Yew had zijn uitsluitend op economisch succes gerichte politiek doorgevoerd door middel van een autoritaire regeerstijl, die alleen in naam nog iets met democratie te maken had. Openlijke kritiek en zelfs politieke oppositie werden niet geduld.

De oudere generatie, die zich de vroegere armoede maar al te goed kon herinneren, had hier weinig problemen mee. Er leek een soort stilzwijgende overeenkomst tussen de bevolking en de machthebbers: wie hard werkt kan rijk worden, maar moet verder zijn mond houden. Gebrek aan vrijheid werd gecompenseerd door de snel toenemende welvaart. Natuurlijk werd er binnenskamers wel wat gemopperd, maar over het algemeen had niemand er belang bij de status quo ter discussie te stellen.

Ondertussen is er echter een generatie opgegroeid die niets anders kent dan welvaart en overvloed, en weet wat er in de wereld te koop is. Deze jongeren geloven niet meer in het schrikbeeld dat Singapore de ondergang tegemoet gaat als het 'decadente westerse waarden' omarmt. In tegenstelling tot hun ouders en grootouders is de goed opgeleide jonge elite steeds minder bereid om zich in de huidige situatie te schikken. En als het niet in Singapore kan, dan maar ergens anders: voor velen is emigreren naar Canada, Australië, Nieuw-Zeeland of de Verenigde Staten een droom die waargemaakt kan worden.

De PAP-regering, die nog altijd vast in het zadel zit, heeft in veel opzichten de teugels een beetje laten vieren, maar laat er tegelijkertijd geen misverstand over bestaan dat ze niet van plan is de macht op te geven, of zelfs maar te delen. Het puritanisme van de eerste decennia is passé, de vroeger zeer strenge censuur is afgezwakt en de ontwikkeling van kunst en cultuur wordt gestimuleerd.

Het huidige Singapore is veel meer dan een 'instant Azië' – een etalage van de verschillende culturen van Zuid- en Oost-Azië. Het is een vitale wereldstad, die zich voortdurend blijft ontwikkelen en een steeds belangrijker brug vormt tussen het Verre Oosten en het Westen.

Singapore in het kort

Grootte: de stadstaat bestaat uit een hoofdeiland en ongeveer 60 kleinere eilanden. Het hoofdeiland meet van oost naar west 42 km en van noord naar zuid 23 km. Door landaanwinning wordt Singapore steeds groter; in 2006 bedroeg het landoppervlak 697 km^2, in 2030 moet dit zijn toegenomen tot 800 km^2. De kustlijn is ongeveer 150 km lang. Ongeveer 50 % van het land is bebouwd; de andere helft wordt ingenomen door parken, regenwoud, plantages en militair oefenterrein.

Ligging: tussen 10° 09' en 10° 29' noorderbreedte, 137 km ten noorden van de evenaar.

Topografie: het grootste deel van het eiland ligt minder dan 15 m boven zeeniveau; het hoogste punt is Bukit Timah met 163 m.

Bevolking: ongeveer 4,5 miljoen inwoners. De bevolkingsdichtheid bedraagt 6456 bewoners per km^2, waarmee Singapore een van de dichtstbevolkte landen ter wereld is. 77 % zijn Chinezen, 14 % Maleiers, 8 % Indiërs, en de rest hoort bij andere groepen (o.a. Euraziërs).

Bestuursvorm: Singapore is een republiek met een president (Sellapan Ramanathan) als staatshoofd en een premier (Lee Hsieng Loong) als hoofd van de regering. De wetgevende macht ligt bij het uit één kamer bestaande parlement (84 gekozen afgevaardigden). De belangrijkste partij PAP (People's Action Party) oefent sinds 1959 de alleenheerschappij uit.

Superlatieven: 86 % van de Singaporezen woont in huizen die de afgelopen 40 jaar in het kader van een enorm sociale-woningbouwproject zijn opgetrokken. De drie hoogste gebouwen van Singapore staan in het Financial District en zijn alledrie 280 m hoog: UOB Plaza (66 verdiepingen), OUB Building (60 verdiepingen) en Republic Plaza (60 verdiepingen). Singapore is (na Houston, Texas en Rotterdam) het grootste centrum voor olieraffinage ter wereld, terwijl de haven van Singapore (PSA, Port of Singapore) in tonnage gerekend de grootste ter wereld is.

Geschiedenis

Stamford Raffles, de stichter
van de stad

ca. 300 n.Chr.	Singapore wordt in geschriften van Chinese zeevaarders P'u Luo Chung genoemd, wellicht een vertaling van het Maleise Pulau Ujong ('eiland bij de punt van het schiereiland').
14e eeuw	Maleise annalen *(Sejorah Melayu)* maken melding van de nederzetting Singha Pura ('Leeuwenstad'). Siam (Thailand) en het Majapahit-rijk uit Java strijden om de heerschappij op het schiereiland Malakka. Gedurende korte tijd heerst Iskandar Shah, prins van Palembang, over het eiland Singapore. Daarna wonen er voornamelijk zeerovers en vissers.
28 jan. 1819	De Brit Stamford Raffles, gouverneur van Bencoolen, sticht in Singapore een strategisch belangrijke handelspost.
1826	Penang, Malakka en Singapore worden gezamenlijk de 'Straits Settlements' genoemd. Zes jaar later wordt Singapore het bestuurlijke centrum van de Straits Settlements.
1867	De Straits Settlements worden een Britse kroonkolonie. Het belang van Singapore als exporthaven en overslagplaats neemt snel toe. Massale immigratie van Chinezen (alleen al in 1880 50.000), hoofdzakelijk uit Zuid-China.
1887	In de botanische tuin van Singapore worden de eerste rubberbomen geplant. Al snel worden tal van rubberplantages op het schiereiland (het huidige Maleisië) aangelegd. Rubber wordt het belangrijkste exportproduct. Opening van het Raffles Hotel.
15 feb. 1942	Singapore valt in handen van de Japanners en wordt omgedoopt tot Syonan ('Licht van het Zuiden').
12 sept. 1945	Japan capituleert. Singapore komt onder Brits militair bestuur.
1 apr. 1945	De Straits Settlements worden opgeheven, Singapore wordt

een kroonkolonie. Penang en Malakka sluiten zich aaneen tot de Federation of Malaysia.

1948 De communistische partij probeert de macht over te nemen in Maleisië en Singapore. De noodtoestand wordt uitgeroepen en zal twaalf jaar van kracht blijven.

1959 De People's Action Party (PAP) wint, als onderdeel van een eenheidsfront met de communisten, de eerste verkiezingen. Lee Kuan Yew wordt premier.

1963 Singapore vormt met Maleisië, Sarawak en Noord-Borneo (het huidige Sabah) de Federation of Malaysia.

9 aug. 1965 Singapore roept zichzelf uit tot soevereine staat en wordt een maand later het 117e lid van de VN.

1967 Singapore is een van de oprichters van de ASEAN (Association of South East Asian Nations).

1968–1980 Bij elke verkiezing wint de PAP alle zetels in het parlement. Singapore wordt in feite een eenpartijstaat.

1984 De PAP wint de verkiezingen, maar deze keer verovert de oppositie twee zetels.

1988 Het nieuwe metronet wordt geopend.

1990 Goh Chok Tong wordt premier, maar achter de schermen blijft Lee Kuan Yew de machtigste man. Lee Hsieng Loong, een zoon van Lee Kuan Yew, wordt als vice-premier de tweede man in de regering. Tot 1992 is hij ook minister van Handel en Financiën.

1999 Van de 81 gekozen parlementsleden zijn er 78 lid van de PAP en slechts 3 van de oppositie.

2001 Na de economische crisis in Azië aan het eind van de eeuw herstelt de stadstaat zich in het begin van het nieuwe millennium sneller dan de buurlanden.

2004 Lee Hsieng Loong volgt Goh Chok Tong op als premier.

2006 Lee Hsien Loong verdeelt begin van het jaar 2,5 miljard dollar uit het begrotingsoverschot als extraatje *(Progress Package)* onder de burgers van Singapore. Bij de verkiezingen van 6 mei wint de PAP 82 van de 84 zetels.

Goed om te weten

Jonge Chinese vrouwen
in Chinatown

Begroeting

Bij Chinezen is het heel gewoon om elkaar de hand te schudden, maar als u wordt voorgesteld aan traditioneel ingestelde Singaporezen van Indiase of Maleise afkomst kunt u ter begroeting beter alleen glimlachen en een knikje met het hoofd geven. Als men toch een hand geeft, dan wordt deze niet geschud, maar alleen lichtjes aangeraakt en wat langer vastgehouden dan bij ons gebruikelijk is.

Chinees bruiloftsmaal

Als u het geluk hebt te worden uitgenodigd bij een Chinees bruiloftsmaal, waar meer dan 150 gasten eerder regel dan uitzondering zijn, kijk er dan niet vreemd van op als de eerste gasten de zaal al verlaten terwijl aan uw tafeltje nog niets geserveerd is. Dit heeft niets met onbeleefdheid te maken: voor wie het nagerecht heeft gehad is het diner afgelopen.

Etiquette

Chinese gerechten worden met stokjes *(chopsticks)* gegeten, in andere restaurants eet men met lepel en vork, waarbij het gebruikelijk is dat de lepel in de rechterhand wordt gehouden. Als u bij mensen van Indiase of Maleise afkomst thuis wordt uitgenodigd, krijgt u vaak geen bestek en wordt het eten met de rechterhand naar de mond gebracht. De linkerhand wordt als onrein beschouwd; zorg ervoor dat deze in geen geval met het voedsel in aanraking komt.

Fooien

Fooien geven is in Singapore niet gebruikelijk. Op het vliegveld is het zelfs officieel verboden.

Handgebaren

Het wordt als uiterst onbeleefd beschouwd om naar iemand te wijzen of om iemand met de duim en wijsvinger te wenken. Om iemand te wenken (b.v. een ober) houdt u de rug van uw hand naar boven en beweegt de vingers van voor naar achter.

Hoofd

Het hoofd geldt voor moslims, hindoes en boeddhisten als zetel van geestelijke en spirituele krachten. Aai dan ook nooit een kind over het hoofd; een kneepje in de wang of onder de kin (alleen met de rechterhand!) is daarentegen acceptabel.

Kleding

In het broeierig warme klimaat van Singapore is kleding van natuurlijke stoffen die gemakkelijk met de hand kan worden gewassen het handigst. Shorts, korte rokjes, T-shirts en topjes zijn volkomen acceptabel, maar als u een bezoek brengt aan een tempel of moskee kunt u het beste een lange broek aantrekken en iets meenemen om uw schouders te bedekken, bijvoorbeeld een lichte trui. Deze kan bovendien goed van pas komen in sommige winkelcentra, restaurants en in de MRT (metro), waar de airconditioning soms zo koud is afgesteld dat het onaangenaam wordt.

Voor uitgaan geldt de vuistregel: overal waar u 's avonds buiten kunt zitten (en in *food centres* en kleine eethuisjes, zoals de restaurants en bars van Boat Quay, Clark Quay en Peranakan Place) gelden geen kledingvoorschriften. In duurdere restaurants en bars, en in luxeueze hotels is wat nettere kleding gebruikelijk; vrijetijds- en sportkleding wordt hier als ongepast beschouwd, en slippers zijn al helemaal taboe. *Ang mohs* (westerlingen) worden er niet al te erg op aangekeken als ze dergelijke kleren dragen, maar een goede indruk maakt het zeker niet. Het toegangsbeleid van clubs is minder streng dan in het Westen, maar trendy kleding wordt ook hier op prijs gesteld.

Nummering van verdiepingen

In Singapore wordt de begane grond als de eerste verdieping aangeduid. Twee voorbeelden: een winkel met het adres #01–34 in een winkelcentrum bevindt zich op de begane grond op nummer 34. Het adres 145 Miller Road, Block 15, #09–17 betekent: de woning bevindt zich in huizenblok 15 op nummer 145 van Miller Road, op de negende (bij ons dus achtste) verdieping en heeft daar nummer 17. Bij de vermelding van verdiepingen in deze gids wordt de Singaporese nummering aangehouden.

Oogcontact

Rechtstreeks oogcontact wordt in Azië al snel als agressief en respectloos beschouwd. Als een Singaporees u tijdens een gesprek niet aankijkt, hoeft u daar dan ook geen negatieve bijgedachten bij te hebben.

Prijsniveau

Singapore is weliswaar duurder dan andere grote steden in Zuidoost-Azië, maar daar staat tegenover dat de luchtkwaliteit er beter is (behalve als de stad gehuld is in smog die veroorzaakt is door bosbranden in het nabijgelegen Sumatra). Het openbaar vervoer is goedkoop en stukken beter dan elders in Azië, taxi's zijn veel goedkoper dan in Europa en ondanks de hoge bevolkingsdichtheid zijn er verrassend veel groenvoorzieningen en parken.

Wie dat wil kan in Singapore zwelgen in luxe en er in korte tijd tienduizenden euro's doorheen jagen, maar ook wie weinig geld te besteden heeft kan in deze stad een heel prettige tijd doorbrengen. Alcohol is door de hoge belasting die erop wordt geheven verhoudingsgewijs duur, maar vrijwel alle gelegenheden in Singapore kennen een *happy hour* (de tijden variëren, ongeveer tussen 17 en 20 uur), waarin de prijzen met de helft worden verlaagd. Het volgende lijstje geeft een indruk van de kosten per persoon per dag:
- ontbijt in een koffiehuis: S$ 5
- MRT ezlink card (meerrittenkaart): S$ 15 (het statiegeld van S$ 3 krijgt u terug)
- toegang tot een museum: S$ 10
- lunch in een *food centre*: S$ 7
- softdrinks: S$ 7
- diner: S$ 15
- drie bier in een restaurant: S$ 25
- toegang tot een club: S$ 25
- een drankje in een club: S$ 12.

Singapore – A Fine City

T-shirts met deze woordspeling (*fine* betekent zowel 'prachtig' als 'geldboete') ziet men op de markten van Chinatown en Bugis Village minder vaak dan vroeger. Singapore probeert tegenwoordig een wat minder streng imago uit te stralen. Niettemin is deze stadstaat nog steeds bijzonder streng gereglementeerd. De lijst van overtredingen waar boetes op staan is lang en sommige grenzen in de ogen van westerlingen aan het absurde: vergeten om in een openbaar toilet door te spoelen? S$ 150 boete. Vergelijkbare boetes gelden voor het kauwen van kauwgom, op straat spugen en buiten het zebrapad oversteken *(jaywalking)*.

Andere verboden zijn weliswaar gemakkelijker te begrijpen (rookverbod, het verbod om vuurwerk af te steken, te gokken of drugs te gebruiken), maar de straffen die erop staan zijn draconisch (een voorbeeld: zelfs voor een kleine hoeveelheid softdrugs kan de doodstraf worden opgelegd). Bovendien doet het nogal huichelachtig aan om gokken streng te verbieden, terwijl er momenteel twee nieuwe casino's worden gebouwd waarvan de winst in de staatskas zal vloeien. Toch kan niet worden ontkend dat die strengheid ook zijn voordelen heeft. Singapore is een dichtbevolkte stad met een aantal bevolkingsgroepen van uiteenlopende etnische afkomst (in potentie een bron van spanningen), maar tegelijkertijd een bijzonder veilige stad, waar iedereen (ook vrouwen) zich zowel overdag als 's avonds bijna overal zonder angst kan bewegen.

Reistijd en klimaat

In Singapore is het altijd warm en broeierig. In december en januari is het een beetje koeler, juni en juli zijn de warmste maanden, maar de temperatuurverschillen stellen weinig voor. De gemiddelde temperatuur overdag bedraagt 31 °C, 's nachts daalt het kwik tot ongeveer 24 °C. De neerslag is tamelijk gelijkmatig over het hele jaar verdeeld; een uitgesproken natte en droge tijd is er niet. Tijdens de noordoostmoesson van november tot januari regent het meestal wat meer, mei tot en met juli zijn de droogste maanden. Maar ook dan moet u niet vreemd opkijken van een korte en hevige tropische plensbui. De gemiddelde luchtvochtigheid bedraagt 80 procent en kan oplopen tot 99 procent.

Toiletten

De meeste hotels, winkelcentra en moderne woningen hebben een zittoilet in Westerse stijl, maar vooral in wat oudere en eenvoudiger huizen vindt u ook nog regelmatig hurktoiletten. Schrik niet als het toilet plotseling doorspoelt zonder dat u op een knop hebt gedrukt; veel toiletten in openbare gebouwen, restaurants en dergelijke zijn uitgerust met een automatische spoeling.

Uitnodigingen en geschenken

Overal in Singapore dient men de schoenen uit te trekken voordat men een woning binnengaat. Geschenken worden pas uitgepakt als de gast vertrokken is. Wie bij **Chinezen** op bezoek gaat, kan als geschenk het beste wat te eten meenemen, zoals zoetigheden of fruit. Een Chinees spreekwoord zegt: 'Geluk komt altijd als tweeling' – geef uw geschenken dus altijd in paren. Gelukbrengende kleuren zijn rood, roze, oranje, geel en goud. Acht sinaasappels zijn bijvoorbeeld een 'correct' geschenk met een hoge symbolische geluks- waarde. Bloemen worden van oudsher alleen gegeven in geval van ziekte of overlijden. Bij een bruiloft schenkt men geld, dat gegeven wordt in de vorm van nieuwe bankbiljetten (altijd paarsge- wijs!) in een rode envelop (*hong bao* = 'rood pakje') met het Chinese karakter voor 'dubbel geluk' *(shuangzi)*. Deze zijn verkrijgbaar bij Chinese warenhuizen (b.v. Yue Hwa Chinese Products, zie blz. 60). Het bedrag (natuurlijk een rond ge- tal) moet minimaal voldoende zijn om de kosten van het huwelijksdiner voor u en uw partner te dekken.

Als u **Indiërs** bezoekt, kunt u zoetig- heid, een kleinigheidje voor de kinde- ren of bloemen meenemen (maar koop nooit frangipani – dat zijn begrafenis- bloemen). Geld wordt op prijs gesteld als huwelijksgeschenk, maar let erop dat het een oneven bedrag is. Een rond bedrag plus één wordt als gelukbren- gend beschouwd (b.v. S$ 41 of S$ 101). Net als bij Chinezen worden de kleuren zwart en wit geassocieerd met dood en rouw.

Voor **Maleiers** neemt u levensmidde- len, zoetigheid, iets decoratiefs of iets nuttigs voor in de huishouding mee. Houd hierbij rekening met de religieu- ze taboes van moslims: onacceptabel zijn varkensvlees en levensmiddelen die varkensvlees bevatten, alcohol en alco- holhoudende parfums, asbakken, mes- sen en alles wat met honden te maken heeft.

Visitekaartjes

Het uitwisselen van visitekaartjes speelt bij zakelijke ontmoetingen een belangrijke rol. Men geeft het kaartje aan het begin van het gesprek met bei- de handen, zodat de gesprekspartner de naam al tijdens het overhandigen kan lezen. Laat de visitekaartjes tijdens het gesprek op tafel liggen en gebruik ze in geen geval om aantekeningen op te maken. Het visitekaartje wordt be- schouwd als het 'gezicht' van de ge- sprekspartner.

De dichte jungle van het eilandje Pulau Ubin

Toeristische woordenlijst

Eén land – verschillende talen

De bevolkingssamenstelling van Singapore wordt weerspiegeld in de talen die er worden gesproken: naast elkaar zijn Maleis (Bahasa Malaysia), Chinees (Mandarijn), Tamil en Engels te horen. Bij de overheid en het bestuur wordt gebruik gemaakt van het Engels. Het Maleis heeft de status van nationale taal, voornamelijk om de directe buren Indonesië en Maleisië te vriend te houden.

De meeste bewoners van Singapore zijn op zijn minst tweetalig, d.w.z. ze beheersen het Engels (min of meer) en een van de andere talen. Oudere Chinezen spreken meestal slechts één of meerdere Chinese dialecten, evenals Pasar Malay – een vereenvoudigde vorm van het Maleis. Bij oudere taxi- of buschauffeurs kan dat nogal eens tot misverstanden leiden. Natuurlijk kennen ze de straten en de belangrijkste bezienswaardigheden van de stad, maar ze spreken de naam op hun eigen manier uit. Als u b.v. vraagt naar de River Valley Road kan een buschauffeur u verwonderd aankijken, want hij moet die naam eerst 'vertalen' – hij kent de weg alleen als Li-va–Va–li-Lod.

Singlish

Ook Engelstalige inwoners van Singapore zijn in het begin soms moeilijk te verstaan. Zo kan het gebeuren dat u Singaporezen onder elkaar hoort praten en vermoedt dat ze een Chinees dialect spreken. Maar er klopt iets niet: veel woorden doen denken aan het Engels, maar dan op een heel aparte manier uitgesproken.

Waarschijnlijk waren ze in het Singlish met elkaar aan het praten – een variant van het Engels die zich in de loop van de tijd in Singapore (en in Maleisië) heeft ontwikkeld. Kenmerkend voor het Singlish zijn de afgebroken staccato-klanken, waarbij al het overbodige (zoals voorzetsels, werkwoordsvormen of zelfs het hele werkwoord) eenvoudig wordt weggelaten. Deze snelle spraakwaterval wordt doorspekt met woorden uit Maleise en Chinese dialecten, vooral het Hokkien. Enkele voorbeelden:
Why you so like dat? (Why do you behave like that?) – Waarom gedraag je je zo?
I see that show orred. (I have already seen that film) – Ik heb die film al gezien.

Singlish voor beginners

Hieronder vindt u enkele uitdrukkingen in het Singlish, een ongelooflijk expressief dialect, vol beeldende uitdrukkingen en kernachtige scheldwoorden. De satirische Singaporese website www.talkingcock.com is voor liefhebbers van taal om van te smullen.

ah beng stereotiep van een domme, onbeschaafde Singaporees van Chinese afkomst. Bijzondere kenmerken: hij spreekt plat Hokkien (een Chinees dialect), heeft een voorliefde voor vrijetijdskleding in felle kleuren en pronkt opvallend met technische *gadgets* als een pager of het nieuwste mobieltje.
alamak! (spreek uit alamah!) uitdrukking van verwondering.
aiyoh! (spreek uit ai-joh!) uitroep van ergernis of frustratie.
alight uitstappen (uit de trein, bus of MRT).
ang moh iemand uit het Westen, een blanke (uit het Hokkien: rood haar).
bodoh domkop.

can? vraag om toestemming, met de betekenis: gaat het? is het oké? Bijvoorbeeld: *I'll see you tomorrow. Can? – Can.*

cock onzin, dom gepraat. B.v.: *He jus' talking cock* (hij zwamt maar wat).

har/ha achtervoegsel aan het eind van een zin, waarmee onbegrip wordt uitgedrukt.

kaypoh iemand die zijn neus te vaak in de zaken van anderen steekt / die zich met dingen bemoeit die hem niets aangaan.

kopi tiam koffiehuis, het pendant van de Nederlandse buurtkroeg. Men kan er ontbijten, goedkoop eten (slechts enkele gerechten) en thee, zwarte koffie of bier drinken.

lah Achtervoegsel aan het einde van een zin, meestal om het gesprokene te benadrukken. Bijvoorbeeld: *No lah* of *Too expensive lah!*

kampong dorp (Maleis).

kwai-lo blanke, buitenlander (Kantonees: 'vreemde duivel')

makan eten (Maleis; zowel werkwoord als zelfstandig naamwoord).

or not? wordt gebruikt als achtervoegsel. Het wordt in het Chinees als beleefd beschouwd om de gevraagde de keus tussen twee mogelijkheden te geven. *'Go or not'* ('Wil je gaan of niet?' in plaats van 'Wil je gaan?')

put up de vraag *Where are you putting up?* betekent in Singapore: *Where are you staying?* (waar woont / overnacht u?)

towkay (spreek uit: tau kai), ontleend aan het woord *tycon* (tycoon), maar met een veel bredere betekenis: baas, chef.

wah! uitroep van verbazing.

Enkele belangrijke zinnen in het Engels

Neem me niet kwalijk, kunt u wat langzamer spreken? Mijn Engels is niet so goed. Excuse me, could you please speak more slowly? My English is not so good.

Ik wil graag een kamer voor … nachten. I would like a room for … nights.

tweepersoonskamer / tweepersoonskamer met twee aparte bedden / eenpersoonskamer Double room / twin room / single room.

Ik wil een kamer met airconditioning / ventilator. I would like a room with air con (= air conditioning) / fan.

Is dat uw beste prijs? (bij onderhandelen; vraag naar korting) Is that your best price?

Hoe laat is het? What's the time please?

Ik wil een tafel voor drie personen reserveren. I would like to book a table for three (people).

De kaart / rekening alstublieft. The menu please / the bill please (the check please).

We willen graag inheems / westers eten. We'd like to eat local / western food.

Het heeft ons uitstekend gesmaakt. We really enjoyed the meal.

Gaat deze bus / metro / veerboot naar …? Does this bus / MRT train / ferry go to …?

Praktische informatie

Inlichtingen

In Europa
In Nederland en België is geen Singaporees verkeersbureau. Voor informatie in
het Duits en Engels kunt u terecht bij:

Singapore Tourism Board
Hochstr. 35–37
D-60313 Frankfurt/Main
tel. +49 69 92 07 700
fax +49 69 29 78 922
e-mail: info@stb-germany.de

In Singapore
**Telefonische informatie 24 uur
per dag**
Tourist Hotline tel. 1800-73 62 00
(binnen Singapore, gratis)
tel. +65 67 36 20 00 (van buiten Singapore).

Singapore Tourism Board
Tourism Court, 1 Orchard Spring Lane
Singapore 247729
tel. +65 67 36 66 22
fax +65 67 36 94 23
www.visitsingapore.com

Singapore Visitors Centre
@ Changi Airport
In de aankomst- en vertrekhal van Terminal 1 en 2, dag. 6–2 uur
Toeristische informatie, gratis reserveren
van accommodatie, gratis rondrit door
de stad voor transitpassagiers die langer
dan vijf uur op een aansluitende vlucht
moeten wachten.

SVC @ Orchard Road
Orchard Road, hoek Cairnhill Road
dag. 8–22.30 uur
Toeristische informatie, gratis reserveren
van accommodatie, boeken van excur-
sies, tickets voor culturele voorstellingen.

SVC @ Liang Court
177 River Valley Road
eerste verdieping, Liang Court Shopping
Centre
tel. 63 36 71 84, dag. 10–22 uur
Toeristische informatie.

SVC @ Cruise Centre
Arrival Hall, Singapore Cruise Centre
1 Maritime Square
Onbemand; 24 uur per dag inlichtingen
met behulp van videodoorschakeling.

SVC @ Little India
73 Dunlop Street
The Inn Crowd Backpackers Hostel
tel. 62 96 42 80, dag. 10–22 uur.

SVC @ Suntec
The Galleria @ Suntec City Mall
tel. 63 33 38 25, dag. 10–22 uur.

Douane

Het **paspoort** moet bij aankomst nog
minstens 6 maanden geldig zijn. Bezoekers uit Nederland en België, die als toerist komen, krijgen op het vliegveld een
social visit pass die recht geeft op een verblijf van 14 dagen. Een strook van het
inreisformulier *(disembarkation/barkation
card)* wordt eveneens afgestempeld; deze moet u bewaren en bij vertrek weer
afgeven bij de paspoortcontrole.
U kunt uw verblijf één keer met maximaal **twee weken verlengen**, ofwel
online bij de Immigration and Check-
points Authority (ICA) onder http://
app.ica.gov.sg/index.asp – klik op 'Electro-
nic Extension of Social Visit Passes (e-
XTEND)' – ofwel persoonlijk bij het Visitor Services Centre, 4e verdieping, ICA
Building, 10 Kallang Road, naast MRT

Lavender, tel. 63 91 61 00 (ma.-vr. 8–17 uur, za. 8–13 uur). U kunt ook een dag naar Maleisië of Indonesië gaan en weer terugkeren; dan gaat een nieuwe periode van 14 dagen in. Zwangere vrouwen (vanaf 6 maanden) krijgen onder bepaalde omstandigheden geen inreisvergunning; zij dienen voor het begin van de reis contact op te nemen met een ambassade van Singapore.

Transitpassagiers met een lange tussenstop in Singapore hoeven zich niet te vervelen; ze kunnen o.a. gebruik maken van een gratis rit met de pendelbus (*shuttlebus*) of deelnemen aan een excursie door de stad (zie blz. 26).

Douane

Belastingvrij zijn 1 l sterke drank, 1 l wijn of port en 1 l bier (dit geldt niet voor bezoekers uit Maleisië). **Verboden** is de invoer van obscene publicaties (zowel gedrukt als digitaal), kopieën van publicaties waarop copyright rust, en materiaal dat tot 'oproer' of 'verraad' oproept. Ook verboden zijn o.a. kauwgum, pruimtabak en vuurwerk. Voor **medicijnen** die in Singapore alleen op recept verkrijgbaar zijn moet u een verklaring van uw arts of apotheek kunnen overleggen. Op het bezit van **drugs** (zowel soft- als harddrugs) staan draconische straffen – zelfs het bezit van een minimale hoeveelheid wordt al als drugshandel beschouwd. Hierop staat de **doodstraf** – en die wordt ook in het geval van buitenlanders zonder pardon voltrokken.

Reizen naar Singapore

... met het vliegtuig

Vanaf zowel Amsterdam als Brussel vertrekt dagelijks een aantal vluchten naar Singapore. De reis duurt ca. 15 uur. Singapore heeft twee internationale luchthavens. Het kleine **Seletar Airport** in het noorden van het eiland wordt alleen gebruikt voor vluchten naar het zuiden van Maleisië en het eiland Bantam (Indonesië). **Changi Airport**, ongeveer 20 km van het stadscentrum in het oosten van het eiland, is een belangrijk knooppunt voor het vliegverkeer in heel Zuidoost-Azië. Changi wordt beschouwd als een van de efficiëntste luchthavens ter wereld; ondanks de grootte is het er overzichtelijk, er zijn voorzieningen voor gehandicapten en er heerst een prettige sfeer – er zijn zelfs een paar parkjes. De twee terminals zijn door middel van de (gratis) **Skytrain Shuttle Service** met elkaar verbonden (dag. 6–1.30 uur).

De voorzieningen zijn zeer uitgebreid: medische centra (dag. 8–2 uur), business centres, kleding- en boekwinkels, cafés, restaurants, een speelplaats voor kinderen, een bioscoop en amusementscentrum, fitnesscentrum (S$ 13), douches (S$ 8 incl. douchegel en handdoek), een wellness centre met zwembad (S$ 13), gratis toegang tot internet, wisselkantoren, een postkantoor en hotels.

Airport shuttle: een pendeldienst met zespersoonsbusjes naar de binnenstad (alle hotels worden aangedaan, behalve in Changi Village en op Sentosa Island) rijdt dag. om de 30 min. 6–18 uur, om de 15 min. 18–24 uur en om de 30 min. 0.30–2 uur. Volw. S$ 7, kinderen S$ 5. Reserveren in de aankomsthal of in uw hotel.

Bus: bus 36 rijdt tussen Changi Airport en Orchard Road (Somerset MRT; S$ 1,10), maar komt alleen in aanmerking als u aan de oostkust overnacht. De

Praktische informatie

MRT is nauwelijks duurder, maar aanzienlijk sneller en comfortabeler.

MRT: betrouwbaar, snel en goedkoop. De rijtuigen zijn voorzien van airconditioning en bieden extra ruimte voor bagage (incl. bagagerekken); ze rijden ongeveer om de 12 min. vanaf Changi Airport in 30 min. naar City Hall (S$ 1,50). De eerste trein vanaf Changi Airport rijdt ma.-za. om 5.30 uur, op zon- en feestdagen om 5.59 uur; de laatste vertrekt om 0.06 uur.

Taxi: taxistandplaatsen zijn te vinden buiten de aankomsthal. Een rit naar Orchard Road kost ongeveer S$ 20 plus een vliegveldtoeslag *(surcharge)* van S$ 3, vr-zo. S$ 5.

... met de trein
Tanjong Pagar Railway Station (C 11)
(ook dikwijls Keppel Station genoemd)
Keppel Road, Tanjong Pagar
MRT Raffles Place, dan bus 19 richting Clementi.
Verkoop van kaartjes dag. 8.30–13, 14–19 uur.
Informatie over de dienstregeling: tel. 62 22 51 62; www.ktmb.com.my
Singapore is het meest zuidelijk gelegen station van het Maleisische spoorwegnet. Het belangrijkste traject voert van Singapore via Kuala Lumpur (sneltrein 3 x dag., S$ 35–45 2e klas met airconditioning) naar Butterworth (veerboot naar Penang). Daar is één keer per dag aansluiting op de sneltrein naar Bangkok. Een andere lijn gaat naar het noorden van de oostkust (Timuran Express naar Tumpat bij Kota Bharu). Om de douaneformaliteiten af te handelen moeten passagiers minstens 30 min. voor vertrek van de trein op het station aanwezig zijn.

... met de bus
Queen Street Terminal (F 6)
Queen Street, hoek Arab Street
MRT Bugis.
Hier vertrekken de Singapore-KL Express 3x dag. naar Kuala Lumpur (tel. 62 92 82 54, reistijd 7 uur) en de Singapore-Johor Express 290 naar Johor Bahru (tel. 62 92 81 49, om de 15 min. tussen 6.30 en 24 uur).

Lavender Street Bus Terminal (G 4)
Lavender Street, hoek Kallang Bahru
MRT Lavender, dan bus 5 of 61, of 10 min. lopen.
Tal van particuliere busmaatschappijen rijden naar het zuiden van Maleisië (o.a. Malakka/Melaka, Kuala Lumpur) en de oostkust van Maleisië (Mersing, Kuantan, Kota Bharu).

Geld

Singapore dollar (1 S$ / SGD) = 100 cent. 1 S$ = 0,48 EUR, 1 EUR = 2,09 S$ (eind 2007).
Er zijn **bankbiljetten** van S$ 2 (paars), S$ 5 (groen), S$ 10 (rood), S$ 50 (blauw), S$ 100 (oranje), S$ 1000 (paars) en S$ 10.000 (goudkleurig). Dankzij de verschillende kleuren zijn ze gemakkelijk uit elkaar te houden, ook al staat op alle biljetten hetzelfde afgebeeld: het hoofd van de eerste president van de republiek, Encik Yusof bin Ishak. Er zijn **munten** van 5, 10, 20 en 50 cent, en van 1 dollar.
Creditcards zijn een gangbaar betaalmiddel in hotels, restaurants en winkels. Als u voor een artikel hebt afgedongen kunt u beter contant betalen, anders is het niet onwaarschijnlijk dat er een extra provisie van 4–5 procent in rekening wordt gebracht. Sommige taxibedrijven

accepteren geen creditcards – vraag ernaar als u een taxi bestelt.

Contant geld kan met een EC/Maestrokaart of creditcard (met pincode) worden opgenomen bij geldautomaten (ATM). De **wisselbalies** op Changi Airport zijn 24 uur per dag geopend. **Geldwisselaars** met vergunning *(licensed money changers)* hanteren over het algemeen een gunstiger koers dan banken en hotels; ze zijn te vinden in winkelcentra in Orchard Road en andere straten in de binnenstad.

Veiligheid

Singapore is een veilige stad – zelfs zakkenrollen komt er slechts zelden voor, gevaarlijke wijken of achterbuurten zijn er niet en men kan zich ook 's nachts zonder angst over straat bewegen.

Noodgevallen

Politie: tel. 999
Ambulance: tel. 995

Verloren voorwerpen
Tanglin Police Station, Kampong Java Road, tel. 63 91 00 00

Diplomatieke vertegen-woordigingen
Nederlandse ambassade
541 Orchard Road #13–01
Liat Towers
tel. 67 37 11 55
fax 67 37 19 40
e-mail: nlgovsin@singnet.com.sg

Belgische ambassade
14–01 Temasek Tower

8 Shenton Way
tel. 62 20 76 77
fax 62 22 69 76
e-mail: singapore@diplobel.org

Telefoneren

Een **lokaal gesprek** via een openbare telefoon kost 10 ¢ voor 3 min.; vanuit de aankomsthal van het vliegveld gratis.

Munttelefoons beginnen zeldzaam te worden. Een **telefoonkaart** van SingTel is vanaf S$ 3 verkrijgbaar bij alle postkantoren en veel kiosken en kleine winkeltjes. Sommige telefoons bieden ook de mogelijkheid om (tegen extra betaling) met een creditcard te telefoneren.

Internationale gesprekken: kies 001, dan het landnummer (Nederland 31, België 32), vervolgens het netnummer (zonder de 0) en het abonneenummer. Het landnummer van Singapore is +65.

Gratis telefoonnummers in Singapore beginnen met 1800.

Mobiele telefoons
Wie wat langer in Singapore blijft kan bij de balie van American Express-in de aankomsthal van Changi Airport een SIM-kaart van SingTel kopen (S$ 50). Meer inlichtingen bij SingTel Hi!Card Hotline, tel. 1800 48 22 800 of StarHub Hotline, tel. 1800 68 20 16 33.

Openingstijden

Banken: meestal ma.-vr. 9.30–15.30 uur, za. 9.30–11.30 uur.
Postkantoren: variabel, als vuistregel geldt 9.30–17 uur, za. tot 13 uur.

Praktische informatie

Killiney Road Post Office, 1 Killiney Road, MRT Somerset, heeft extra lange openingstijden: ma.-vr. 8.30–21 uur, za. 8.30–16 uur, zo. 10–16 uur.
Winkels: variabel, als vuistregel geldt dagelijks 10–21 uur.

Gezondheid

De gezondheidszorg in Singapore staat op een zeer hoog niveau. Vergeleken met Nederland en België zijn de prijzen voor een consult tamelijk laag. Artsen- en ziekenhuisrekeningen dienen echter wel onmiddellijk betaald te worden. Het is aan te raden om in aanvulling op uw ziektekostenverzekering ook een **reisverzekering** af te sluiten.
Farmaceutische producten zijn niet alleen verkrijgbaar bij **apotheken**, maar ook in supermarkten en winkelcentra.
Ziekenhuizen met eerstehulppost: **Singapore General Hospital** (Accident and Emergency Department), Outram Road, tel. 63 21 43 11.
Raffles Hospital,
585 North Bridge Road,
tel. 63 11 11 11.

Gehandicapten

Pas sinds kort wordt in Singapore nagedacht over voorzieningen voor gehandicapten. Een overzicht van voor rolstoelen toegankelijke plaatsen, kantoren, hotels e.d. is verkrijgbaar bij de National Council of Social Services (NCSS):
Access Singapore,
NCSS, 11 Penang Lane,
Singapore 238 485,
tel. 88 99 12 20,
www.dpa.org.sg/access

Reizen in Singapore

Bij alle MRT-stations is voor S$ 2 de handige Transit-Link Guide verkrijgbaar. Hierin vindt u o.a. een compleet overzicht van alle buslijnen incl. de haltes, een kaart van het MRT-net en kaartjes van de directe omgeving van een aantal MRT-stations waar u op de bus kunt overstappen.

... met de metro (MRT)

De metro van Singapore, MRT (Mass Rapid Transport System), rijdt op een aantal lijnen: een traject rond het eiland, een oost-westlijn en een lijn naar het noordoosten. Een binnenring (Circle Line) is in aanleg en wordt in 2008 geopend. De airconditioned MRT rijdt tot op de seconde op tijd, is absoluut veilig en altijd brandschoon – dit is dan ook het beste transportmiddel voor langere afstanden. In de buurt van de binnenstad loopt het spoor ondergronds en is de afstand tussen de stations tamelijk klein, daarbuiten rijdt de trein bovengronds en liggen de stations wat verder uit elkaar.
Rijtijden: 5.30–24 uur ongeveer om de 5 min., in de spitsuren ma.-vr. 's morgens en 's avonds en za. 's middags om de 2–4 min.
Kaartjes: een enkele reis (*standard ticket*; afhankelijk van de afstand S$ 0,90–4) is bij automaten (GTM = *general ticket machine*) te koop. De automaat rekent de prijs van de rit plus S$1 statiegeld voor het van stevig plastic gemaakte ticket. Bij het passeren van het toegangspoortje houdt men het kaartje even tegen het afleesapparaat. Gooi uw kaartje tijdens de rit niet weg; u hebt het weer nodig om op uw bestemming het perron te verlaten. Aan het eind van de rit kunt u bij de auto-

maat het statiegeld terug krijgen – druk hiervoor op 'Refund'. Bij de Transit Link Ticket Offices (zoals City Hall MRT, 9–21 uur) zijn meerrittenkaarten verkrijgbaar: de **ez-link card** (S$ 15, waarvan S$ 3 statiegeld en S$ 5 belasting) is geldig in de MRT en alle bussen; de ritten zijn 10 procent goedkoper. Als de S$ 7 verbruikt zijn, kan het ticket opnieuw worden opgewaardeerd *(to top up)*.

Inlichtingen over MRT en buslijnen: TransitLink Hotline tel. 1800–76 74 333.

... met de bus

Er zijn twee busmaatschappijen in Singapore: **SBS Transit** en **SMRT**. Bussen met airconditioning *(air con busses)* kosten 20–30 cent meer dan bussen zonder deze voorziening. Bushaltes zijn aangegeven met een rood bord met witte cijfers. Veel bussen stoppen alleen als men met een handgebaar aangeeft dat men mee wil.

Rijtijden: ongeveer 6–24 uur.

Kaartjes: afhankelijk van het aantal zones *(fare stage)* S$ 0,65–1,60 (Air-Con S$ 1,90–2,80). Als u tegen de chauffeur zegt waar u heen wilt noemt hij het bedrag, dat u vervolgens in een metalen kastje naast de chauffeur moet gooien. Er wordt geen wisselgeld gegeven. Enkeltjes geven geen recht op overstappen. U kunt zich de noodzaak om voortdurend kleingeld bij de hand te hebben besparen door de aanschaf van een **ez-link card** (zie boven), waarmee u ook kunt overstappen van de bus op de MRT en andersom. Bussen zijn uitgerust met een afleesapparaat voor deze kaarten. Drie **CityBuzz-lijnen** van SBS rijden dagelijks tussen 10 en 22 uur om de 15 min. hun rondjes door de voor toeristen interessante wijken Orchard Road (route C 1), Chinatown (C 2) en Little India (C 3). Er zijn speciale, duidelijk aangegeven City Buzz-haltes. Prijs S$ 1 per rit of een CityBuzz-dagkaart van S$ 6, verkrijgbaar bij de chauffeur. Ez-link cards zijn eveneens geldig. Meer inlichtingen: www.citybuzz.com.sg

Belangrijke MRT- en buslijnen

Richting Kampong Glam: MRT Bugis of Lavender; bus 7 vanaf Orchard Road, bus 12, 33, 51, 61, 62, 84, 185 vanaf Eu Tong Sen Street (Chinatown).

Richting Changi Airport: MRT Changi Airport; bus 36 vanaf Orchard Road.

Richting Chinatown: MRT Chinatown, Outram Park of Tanjong Pagar; bus 124, 143, 174 of 190 vanaf Orchard Road; bus 61 vanaf MRT City Hall richting Bukit Batok; bus 147 vanaf Jalan Besar richting New Bridge Road.

Richting Holland Village: bus 7 vanaf Penang Road (MRT Somerset) of Grange Road (MRT Orchard), bus 61 vanaf MRT City Hall of South Bridge Road (MRT Chinatown) richting Bukit Batok.

Richting Little India: MRT Little India of Farrer Park.

Richting Orchard Road: MRT Orchard, Somerset of Dhoby Ghaut, bus 7 vanaf Holland Road en Tanglin Road.

... met de taxi

CityCab: tel. 6552 2222
Comfort: tel. 6552 1111
SMRT: tel 6555 8888

Taxi's zijn in Singapore erg goedkoop. In de binnenstad (CBD = Central Business District) mogen taxi's alleen bij gemarkeerde standplaatsen passagiers opnemen. Tijdens de spitsuren staat er vaak een lange rij wachtenden. Bij enkele standplaatsen kan men voor S$ 1 een taxi bestellen; een automaat drukt dan een kaartje met het taxinummer af. Buiten het centrum mag een taxi ook op straat worden aangehouden.

De taximeter moet altijd worden ingeschakeld. Het instaptarief bedraagt S$ 2,40 incl. de eerste 1,5 km, terwijl elke volgende 240 m 10 ¢ kost. Eventuele toeslagen komen hier nog bovenop: betaling per creditcard 10 procent, nachttoeslag (24–6 uur) 50 procent, een rit vanaf Changi of Seletar Airport S$ 3–5, 3e en 4e persoon S$ 1, en elk stuk bagage S$ 0,50.

Daarnaast zijn er toeslagen voor telefonische boeking, spitsuren (peak periods) en (alleen op bepaalde tijden) ritten van en naar het centrum. Een fooi wordt niet verwacht. Veel chauffeurs spreken nauwelijks Engels.

... met de riksja

De traditionele fietsriksja's zijn in Singapore al lang geen algemeen vervoersmiddel meer. Bij grote hotels en in de buurt van uitgaanswijken (Boat Quay, Clarke Quay) bieden fietsriksjarijders echter nog hun diensten aan.

Er zijn verschillende rondritten mogelijk, zoals **Trishaw Tours** vanaf Albert Mall door Little India, tel. 65 45 63 11 en **Singapore Explorer** door Little India vanaf Liang Court en door Chinatown vanaf Trishaw Park (Sago Street), tel. 63 39 68 33. Reken op S$ 25 per persoon voor 30–40 min.

... met de auto

Vanwege het uitstekende openbaar vervoer en de goedkope taxi's hebt u in Singapore eigenlijk geen huurauto nodig. Op Changi Airport zijn filialen van een aantal autoverhuurbedrijven; een internationaal rijbewijs en een creditcard zijn aan te bevelen.

Stadsexcursies en rondritten

Informatie over het complete programma is verkrijgbaar bij de Singapore Visitors Centres (zie blz. 20). De meeste rondleidingen zijn in het Engels.

Rondritten voor transitpassagiers

Transitpassagiers die minstens 5 uur op hun aansluitende vlucht moeten wachten kunnen deelnemen aan een **gratis rondrit door de stad** (keus uit twee verschillende routes; 5x dag. overdag), te boeken bij de Free City Tour-balie van het Singapore Visitors Centre tussen 7 en 16.25 uur. Er kan geboekt worden tot 45 min. voor het begin van de excursie. Bij een wachttijd van minstens 6 uur kan men met de **gratis shuttlebus** naar Little India of het Suntec City Shopping Centre rijden (1x per uur).

Taxi's met gids (TTG = Taxi Tour Guide) zijn weliswaar niet gratis, maar pakken voor een groep van 2–4 personen zeer gunstig uit: vanaf S$ 35 per uur voor max. 4 pers. (minstens 3 uur); tel. 6472 7351 of via het Singapore Visitors Centre.

Andere rondritten

Holiday Tours & Travel/Tour East
tel. 67 38 26 22
SH Tours
tel. 67 34 99 23
dag. 's middags, S$ 38
De bus rijdt door de koloniale wijk, Chinatown en Mount Faber en via de orchideeëntuin (naast de Botanic Gardens) naar Little India. Hij duurt inclusief pauzes voor bezichtigingen of een bezoek aan een kunstnijverheidswinkel 4 uur.

City Sightseeing (HippoTours)
tel. 63 38 68 77

www.ducktours.com.sg

Rondritten door de stad in een dubbeldekker met open bovendek; onderweg kan men onbeperkt in- en uitstappen. Het kost per dag S$ 25, terwijl de Singapore Sightseeing Pass (S$ 33) twee dagen geldig is voor ritten op twee bustrajecten, een rondrit over Sentosa Island, een boottocht op de Singapore River en twee rondleidingen door de stad. De pas geeft bovendien recht op korting bij een aantal restaurants, winkels en kuurbaden.

SIA Hop-on bus
tel. 94 57 29 65

Hop-on Day Pass S$12; S$3 voor passagiers van Singapore Airlines; gratis voor deelnemers aan het Singapore Stopover Holiday-Programm.

De bus rijdt dag. 9–17.30 uur ongeveer om de 30 min. vanaf Suntec City en doet alle interessante wijken en bezienswaardigheden in het centrum aan. Route: Merlion Park, Funan Centre, Boat Quay, Chinatown, Clarke Quay, Botanic Gardens, Orchard Road en Little India – een rondrit van 2 uur. Passagiers mogen onbeperkt in- en uitstappen.

The Original Singapore Walks
tel. 63 25 16 31

www.singaporewalks.com

ma.-vr. 's middags 2,5 uur; vr. en za. 's avonds 2 uur S$ 18, stadswandeling met gids.

Wie een blik wil werpen in de verborgen hoekjes van Singapore en benieuwd is naar de bijbehorende anekdotes is bij deze gidsen aan het goede adres. Reserveren is niet nodig; ontmoetingspunten zijn de MRT stations.

SSsingapore DUCKtours
tel. 63 38 68 77

www.ducktours.com.sg

dag. 9.30–19 uur vanaf Suntec City Mall; 1 uur S$ 33, kinderen vanaf 3 jaar S$ 17.

Iets heel aparts: Singapore bezichtigen vanuit een amfibievoertuig ('Duck'). De trocht voert door de koloniale wijk, over de Kallang River en langs Marina Bay. Leuk voor gezinnen met kinderen.

Feng shui-route
SH Tours
tel. 67 34 99 23

ma.-vr., S$ 38

Deze leer van de harmonie heeft in het sterk Chinees gekleurde Singapore grote invloed. De drie uur durende tocht voert langs mooie voorbeelden van gebouwen en plekken die aan de hand van de principes van feng shui zijn ingericht.

Hoogtepunt

Rondvaarten
Singapore River Cruise (D/E 8)
tel. 63 36 61 11,

www.rivercruise.com.sg

Singapore River Experience Tour vanaf Liang Court/Clarke Quay en andere aanlegplaatsen 30 min. S$ 12,
New River Experience Tour vanaf Robertson Quay, 45 min. S$ 15

Een rondvaart in een open boot (bumboat) over de Singapore River naar Marina Bay mag u niet missen – vanaf het water ziet de stad er heel anders uit. De boten vertrekken dag. tussen 9 en 23 uur vanaf verschillende punten; laatste afvaart 22.30 uur. Deze boottocht is het mooist in de avondschemering.

Te gast in

Singapore biedt een onvoorstelbaar grote keuze aan eethuisjes en restaurants, magnifieke winkels, interessante bezienswaardigheden en een rijke cultuur, maar er zijn ook mooie parken, natuurreservaten en rustige eilanden. Of u nu tempels gaat bezoeken of zich in het uitgaansleven wilt storten – deze reisgids geeft u nuttige tips en adressen, waardoor uw verblijf tot een avontuur wordt. De

Singapore

grote, uitneembare kaart achterin deze gids helpt bij een goede oriëntatie en de coördinaten bij de adressen voorkomen lange zoektochten. De belangrijkste bezienswaardigheden zijn bovendien op de kaart aangegeven. En wie Singapore eens van de andere kant wil zien, kan zich laten leiden door de vijf Extra-routes vanaf bladzijde 106.

Overnachten

Traditie en luxe:
het Raffles Hotel

Sterrenhotels

Aan luxueuze vijfsterrenhotels is in Singapore van oudsher geen gebrek. In de concurrentiestrijd om de gunst van zakenlieden, welgestelde toeristen en deelnemers aan conferenties en beurzen proberen ze elkaar de loef af te steken met onberispelijke service, een luxueuze ambiance en innovatieve en/of exclusieve bars en restaurants.

Ook in de categorie daaronder (viersterren- en de betere driesterrenhotels) is de keus groot. Op de voorzieningen valt meestal niets aan te merken, maar deze hotels zijn vaak gevestigd in sfeerloze betonkolossen.

Boutiquehotels

Sommige hoteliers hebben het tot voor kort in Singapore heersende devies 'groter is mooier' de rug toegekeerd en zijn een klein boutiquehotel begonnen. Deze hotels zijn uiterst luxueus en/of trendy en liggen midden in wijken als Chinatown, in plaats van naast het zoveelste winkelcentrum. Aangezien ze in oude, smalle winkelpanden zijn gevestigd, moet men er woekeren met de ruimte. Grote kamers en badkamers mag men hier dan ook niet verwachten en voor een zwembad is meestal geen plaats, maar daar staat tegenover dat ze bijzonder stijlvol zijn ingericht en dat u maar de voordeur uit hoeft te lopen om midden in een van de authentieke wijken van de stad te staan.

Budgethotels

Behoorlijke budgethotels zijn in Singapore moeilijk te vinden: dikwijls zijn ze te duur voor wat er geboden wordt, de hygiëne laat soms te wensen over, of het betreft een hotel waar kamers per uur worden verhuurd. Een zwembad (in het altijd broeierig warme Singapore geen overbodige luxe) hoeft u bij kamerprijzen van minder dan S$ 130 niet te verwachten, enkele uitzonderingen daargelaten. Voor alle in deze gids opgenomen budgethotels doet u er goed aan zo lang mogelijk van tevoren een kamer te reserveren.

Prijzen

In deze gids zijn de officiële prijzen *(rack rates)* vermeld. Het is de moeite waard om op internet te zoeken – veel hotels bieden op hun website speciale tarieven (bijv. voor het weekeinde), en bij reclamecampagnes *(promotions)* kunnen de kortingen zelfs oplopen tot 50 procent – met een beetje geluk kunt u dan voor een driesterrenprijs terecht in een luxeus vijfsterrenhotel.

Eveneens zeer gunstig zijn all in-arrangementen voor een tussenstop, die Singapore Airlines aanbiedt in het kader van zijn Stopover-programma. Ze omvatten één of meerdere overnachtingen in een van de aangesloten hotels (in verschillende prijscategorieën), vervoer van en naar het vliegveld, toegang tot enkele bezienswaardigheden en een excursie. Darnaast geven ze recht op een aantal kortingen. Meer informatie op de website www.singaporeair.com onder 'Singapore Stopover Holiday'.

Ontbijt

In Singapore wordt onderscheid gemaakt tussen Europees ontbijt (*continental breakfast* – toast, jam, vruchtensap, koffie of thee) en *full breakfast* of *American breakfast* (spiegel- of roerei, gebakken spek, *hash browns*, toast, muesli, vruchtensap, koffie of thee); in grote hotels horen er ook Aziatische gerechten als *nasi lemak* of *congee* (rijstepap) bij. De meeste vier- en vijfsterrenhotels verzorgen een bijzonder goed, uitgebreid ontbijtbuffet, dat de prijs van S$ 20–30 zonder meer waard is, maar u kunt natuurlijk ook met een *kayatoast* (zie blz. 47) en thee ontbijten bij een koffiehuis in de omgeving.

Reserveren

De Singapore Tourism Board (STB) publiceert elk jaar de nuttige *Accommodation Guide*. Hierin worden veel, maar zeker niet alle hotels (in alle prijsklassen) vermeld, soms met een foto. De STB-website bevat eveneens een lijst van alle hotels met prijzen en links om te boeken: www.visitsingapore.com (klik op Accommodation).

Online-boeken en commentaar op accommodatie

www.stayinsingapore.com: website van de Singapore Hotels Association (SHA)
www.asiarooms.com: gunstige tarieven;
www.expedia.com: gunstige tarieven;
www.hostelbookers.com: gespecialiseerd in hostels voor rugzaktoeristen;

www.wotif.com: gunstige tarieven;
www.tripadvisor.com: talrijke commentaren, o.a. op accommodatie, met een link naar boekingen; ook andere tips en internetforum.

Ter plaatse: wie geen kamer heeft gereserveerd, kan terecht bij de balies van de SHA in Changi Airport:
– in terminal 1: East Counter 10– 23.30 uur; West Counter 24 uur per dag geopend;
– in terminal 2: North Counter 7–23 uur, South Counter 24 uur per dag geopend.

Hostels / budget

Hangout @ Mt Emily (D 6)

10 A Upper Wilkie Road
tel. 64 38 55 88
fax 63 39 60 08
www.hangouthotels.com
MRT 10–15 min. lopen naar Doby Ghaut of Little India
2 pk vanaf S$ 90, bed in de slaapzaal vanaf S$ 25

Prijzen

Budget: 2 pk S$ 70–110; bed in een slaapzaal S$ 25–30
Goedkoop: 2 pk S$ 120–160
Middenklasse: 2 pk S$ 170–280
Duur tot luxe: vanaf S$ 300
De vermelde **prijzen** zijn netto en gelden voor de goedkoopste tweepersoonskamer.
Eenpersoonskamers zijn er vrijwel niet; singles worden ondergebracht in een tweepersoonskamer en betalen bijna evenveel.
Tenzij anders aangegeven is het **ontbijt** niet in de prijs inbegrepen.

Centrale locatie

De centrale ligging van accommodatie is in Singapore nog belangrijker dan in veel andere landen – afstanden die men bij ons zonder probleem te voet aflegt, worden in de vochtige hitte van Singapore al snel als inspannend ervaren. Taxi's zijn in vergelijking met Nederland en België weliswaar veel goedkoper, maar vooral de nabijheid van een station van de (airconditioned) MRT maakt een verblijf in Singapore een stuk prettiger – zeker als u van plan bent om veel te gaan winkelen.

De Hangout is een trendy, schoon budgethotel. De trefwoorden zijn hier: eenvoudig, doelmatig en modern. Naast een paar ruime slaapzalen zijn er tal van een- en tweepersoonskamers. De ligging op Mount Emily lijkt wat afgelegen – zelfs sommige taxichauffeurs kennen het adres niet – maar kan in feite nauwelijks beter: het hotel staat in een parkje op een heuvel vlak achter Orchard Road, en is dus heel centraal gelegen. Op de website is te zien hoe u er komt; voetgangers kunnen een kortere route over trappen nemen. Lounge met plasmatelevisie, kleine bibliotheek met computers (gratis toegang tot internet), kleine fitnessruimte, een bistro annex bar waar de gasten kunnen ontbijten, lunchen en dineren. Bovendien een gezellig dakterras met een klein zwembadje, een douche in de openlucht en een magnifiek uitzicht op de stad.

Perak Hotel (E 5)
12 Perak Road
tel. 62 99 77 33

fax 63 29 09 19
www.peraklodge.net
MRT Little India
2 pk vanaf S$ 100 incl. Europees ontbijt

Aangenaam klein *guesthouse* in een gerenoveerd winkelpand van twee verdiepingen midden in Little India – in deze prijscategorie verreweg het beste van de stad. De kamers zijn eenvoudig, maar gezellig gemeubileerd en zijn voorzien van airconditioning en tv. De goedkopere standaardkamers zijn met hun kleine ramen nogal donker; voor S$ 30–40 meer krijgt u een *superior* of *deluxe room* met hoge ramen, een mini-koelkast en een waterketel om thee of koffie te zetten.

South East Asia Hotel (E 6)
190 Waterloo Street
tel. 63 38 23 94
fax 63 38 34 80
www.seahotel.com.sg
MRT Bugis
2 pk vanaf S$ 85

Hoewel dit budgethotel met regelmatige tussenpozen wordt opgeknapt, is de ouderdom eraan af te zien. Maar de prijzen zijn laag en de eenvoudige kamers schoon – ze hebben airconditioning en een douche. Het hotel ligt op een rustige locatie op slechts 5 min. van Bugis Junction en de MRT, terwijl men in ongeveer 10–15 min. lopen midden in Little India is. Een hindoetempel en de heiligste Chinese tempel van de stad, de Kwan Im, liggen vlak bij het hotel. In het bijbehorende restaurant Kwan Im kunt u genieten van Chinese vegetarische gerechten.

LLoyds Inn (C 7)
2 Lloyd Road
tel. 67 37 73 09
fax 67 37 78 47

www.lloydinn.com
MRT Somerset
2 pk vanaf S$ 85
De kamers kunnen weliswaar een op-knapbeurt gebruiken, maar ze zijn schoon en uitgerust met de gebruike-lijke voorzieningen voor een standaard-motelkamer: airconditioning, tv, mini-koelkast, magnetron en een elektrich keteltje om thee en koffie te zetten. Wie geld wil besparen en geen belang hecht aan luxe en een zwembad kan het in Singapore nauwelijks beter treffen – dit kleine hotel is uiterst centraal gelegen in een rustige woonwijk, maar op nog geen minuut lopen van Killiney Road, waar tal van eethuisjes te vinden zijn, en 5 min. van de MRT en de winkel-straat Orchard Road.

YMCA International House (D 6/7)

1 Orchard Road
tel. 63 36 60 00
fax 63 37 31 40
www.ymcaih.com.sg
MRT Doby Ghaut
2 pk vanaf S$ 110 incl. ontbijt
Populair en bijzonder centraal gelegen budgethotel, dat al vele jaren bestaat. Ruim op tijd reserveren is noodzakelijk, want het hotel is dikwijls volgeboekt. De twee- en eenpersoonskamers zijn zeer eenvoudig, maar aantrekkelijk in-gericht. In het bijbehorende café wor-den ontbijt en goedkope Aziatische en internationale gerechten geserveerd (tot 22 uur). Verder vindt u er een inter-netcafé, een biljartkamer en een fit-nesscentrum, evenals – en dat is uniek in deze prijscategorie – een groot zwembad op het dak. Als er grote inter-nationale evenementen in Singapore plaatsvinden, wordt een toeslag van ongeveer S$ 20 per kamer per nacht geheven.

Goedkoop

City Bayview Hotel (E 6)

30 Bencoolen Street
tel. 63 37 22 82
fax 63 38 28 80
MRT Doby Ghaut of City Hall
2 pk vanaf S$ 140 (incl. belastingen)
Dit driesterrenhotel van een aantal verdiepingen is onlangs gerenoveerd en in vrolijke kleuren geschilderd. Het biedt de beste prijs-kwaliteitsverhou-ding in deze categorie. De kamers zijn schoon en uitgerust met de gebruike-lijke voorzieningen. Een pluspunt is het kleine zwembad op het dak; daar staan ook een was- en droogmachine waar de gasten gratis gebruik van kunnen maken. Op de begane grond bevinden zich een café-restaurant en een bar. De gasten zijn daar echter niet van afhan-kelijk, want in de omgeving zijn tal van *food courts* en restaurants in alle prijs-klassen te vinden.

Hotel Bencoolen Singapore (E 6)

47 Bencoolen Street
tel. 63 36 08 22
fax 63 36 22 50
www.hotelbencoolen.com
MRT Dhoby Ghaut
2 pk vanaf S$ 110

Plus plus plus

Let op de 'plus plus plus': prijzen in hotels en restaurants worden zo goed als altijd netto aange-geven (b.v. S$ 150+++). Dat betekent dat er nog aardig wat bij komt: de BTW *(Goods and Services Tax)* van 5%, de *Government Tax* van 1% en be-dieningsgeld *(service charge)*, meestal ongeveer 10%.

Overnachten

Hotel 1929, midden in Chinatown

Dit hotel mist de uitstraling van het Bayview, dat ertegenover staat, maar is niettemin heel redelijk. De kamers zijn erg klein en hebben de gebruikelijke voorzieningen. Bovendien is er een terras met zitjes rond een zwembadje en een bubbelbad. In het bijbehorende koffiehuis kunnen de gasten ontbijten; overdag zijn er snacks en drankjes verkrijgbaar.

Hotel 1929 (C 10)
50 Keong Saik Road
tel. 63 47 19 29
fax 63 27 19 29
www.hotel1929.com
MRT Outram Park
2 pk vanaf S$ 140 incl. ontbijt
Dit in vijf voormalige winkelpanden gevestigde, in retro-stijl ingerichte boutiquehotel lijkt wat ontwerp betreft sterk op het New Majestic, het zusterhotel een straat verder. Het is echter wat minder luxueus en dus ook wat goedkoper. De kleine kamers zijn allemaal verschillend ingericht, grotendeels met fraai design-meubilair. In plaats van een eigen zwembad is er op het dakterras een bubbelbad in de openlucht. De straat staat weliswaar bekend als rosse buurt, maar straalt dankzij de combinatie van uiterst trendy hotels en restaurants met louche kroegen eerder een levendige dan een dreigende sfeer uit. New Bridge Road in Chinatown en de MRT liggen op slechts 3 min. lopen. Het bijbehorende restaurant Ember (zie blz. 53) is in de hele stad bekend.

SHA Villa (C 7)
64 Lloyd Road
tel. 67 34 71 17
fax 67 36 16 51
www.sha.org.sg

MRT Somerset
2 pk vanaf S$ 160
Een grote villa uit de koloniale tijd met drie verdiepingen en 40 kamers. Sommige maken een wat uitgewoonde indruk, maar dankzij een vloer van glanzend geboende planken, het hoge plafond en het oude meubilair stralen ze een heel eigen charme uit, die elders in Singapore voor deze prijs haast nergens te vinden is. De *deluxe rooms* met ramen (S$ 180) zijn te verkiezen boven de standaard-kamers zonder vensters. In het bijbehorende restaurant Rosette kan men ontbijten, lunchen en dineren – maar voor wie liever wat anders wil: de *food courts* en restaurants van Killiney Road en Orchard Road liggen vlak om de hoek, evenals de MRT. Het hotel

doet dienst als stageplek van de hotel-school SHATEC. Dit betekent in de prak-tijk dat u verzekerd kunt zijn van een attente service, maar dat het personeel soms ook steekjes laat vallen.

Middenklasse

Berjaya Hotel (C 10)
83 Duxton Road, Singapore 089540
tel. 62 27 76 78
fax 62 27 12 32
MRT Tanjong Pagar
2 pk vanaf S$ 220, suite vanaf S$ 330 incl. (Amerikaans) ontbijt. Reserveren via internet is aanzienlijk goedkoper. Boutiquehotel van drie verdiepingen. Enigszins vergane glorie, maar voor wie zich daar niet aan stoort is dit een pri-ma alternatief voor de grote, anonieme blokkendozen. Net als andere hotels van dit type in Chinatown is het ge-vestigd in enkele verbouwde winkel-panden; de grootte van de kamers va-rieert. Sommige suites bieden toegang tot een kleine tuin op de binnenplaats, maar voor een zwembad en fitness-ruimte is geen plaats. Het hotel is gun-stig gelegen: het uitmuntende Maxwell Food Court en het zuidelijk deel van Chinatown liggen praktisch om de hoek. In het weekeinde gaat het er in de talrijke karaokebars van Duxton Road echter vaak rumoerig aan toe – wie zich snel stoort aan lawaai kan be-ter een kamer aan de achterkant van het hotel boeken.

Overnachten

Holiday Inn Parkview Singapore (C 6)
11 Cavenagh Road
tel. 67 33 83 33
fax 67 34 45 93
www.singapore.holiday-inn.com
MRT Somerset
2 pk vanaf S$ 270

Aangenaam viersterrenhotel, gebouwd rond een atrium, met zeer ruime kamers (één met voorzieningen voor gehandicapten), een groot zwembad op het dak en een fitnessruimte. Rustig gelegen en toch slechts 3 min. lopen van Orchard Road en de MRT. Het hotel beschikt over twee restaurants en een bar; in de schuin ertegenover gelegen H2O Food Street (de verbindingsstraat tussen Cuppage Plaza en Orchard Road) vindt u vele tientallen goedkope eethuisjes.

Intercontinental (E 6/7)
80 Middle Road
tel. 63 88 76 00
fax 63 38 73 66
www.singapore.intercontinental.com
MRT Bugis
2 pk vanaf S$ 300

Het Intercontinental maakt deel uit van het luxueus gerestaureerde en fraai ontworpen Bugis Junction Complex. In het 16 verdiepingen hoge hotel is een rij historische winkelpanden opgenomen. De vloer van de lobby bestaat uit zwarte en witte tegels, en de chique inrichting refereert aan de koloniale tijd – maar dan zonder pluche en krullen. Hetzelfde geldt voor de 409 kamers en suites (enkele met voorzieningen voor gehandicapten). Op de vierde verdieping is een zwembad met bar, het *business centre* is 24 uur per dag open, evenals het fitnesscentrum (desgewenst met persoonlijke coach). Drie restaurants en twee bars ronden het aanbod af.

New Majestic (C 10)
31–37 Bukit Pasoh Rd
Singapore 089845
tel. 63 27 19 27
fax 63 47 19 23
www.newmajestichotel.com
MRT Outram Park
2 pk vanaf S$ 250 incl. (Amerikaans) ontbijt en internetaansluiting

De verblindend wit betegelde lobby is ingericht met nieuw meubilair in de zakelijke stijl van de jaren vijftig en aan het plafond, dat met opzet niet is gerenoveerd, hangen traag wentelende ventilatoren – het is in één oogopslag duidelijk dat hier vakkundige ontwerpers aan de slag zijn geweest. De 30 kamers zijn weliswaar klein, maar allemaal verschillend ingericht door een jonge Singaporese kunstenaar. De gangen zijn in koel wit gehouden, de kamers zijn voorzien van wandschilderingen in koele en heldere kleuren, opvallende installaties en originele meubels. Aan sommige dingen moet men even wennen, zoals de door een doorzichtige glazen wand omringde badkamer midden in enkele van de kamers, of de doorkijkjes van het kleine zwembad op de eerste verdieping naar het eronder gelegen restaurant (en omgekeerd). Het bijbehorende **New Majestic Restaurant** staat in de hele stad bekend vanwegde de uitmuntende Kantonese keuken.

Rendezvous Hotel (E 7)
9 Bras Basah Road, Singapore 189559
tel. 63 36 02 20
fax 63 37 37 73
www.rendezvoushotels.com
MRT Dhoby Ghaut
2 pk vanaf S$ 200

Dit hotel met 300 kamers ligt op een hoek achter een rij traditionele *shophouses* en maakt dan ook een minder massieve indruk dan veel andere hotels van dezelfde grootte. Centraal gelegen; de musea in de omgeving zijn allemaal gemakkelijk bereikbaar. Voor een viersterrenhotel heeft het uitgebreide voorzieningen: een groot zwembad, fitnesscentrum en sauna, een *business centre* en conferentiefaciliteiten. Een koopje, zeker als u gebruik maakt van gunstige aanbiedingen op internet.

The Scarlet (D 9/10)

33 Erskine Road, Singapore 069333
tel. 65 11 33 33
fax 65 11 33 03
www.thescarlethotel.com
MRT Tanjong Pagar
2 pk vanaf S$ 220; suites vanaf S$ 550
Boutiquehotel van drie verdiepingen in het zuidoosten van Chinatown, gevestigd in enkele voormalige winkelpanden. Het is luxueus ingericht in koloniale stijl met een oriëntaals tintje. De goedkoopste kamers hebben geen ramen, maar zijn wel van alle gemakken voorzien. Andere faciliteiten: een vergaderzaal, fitnessruimte, een bubbelbad op de binnenplaats met veel planten, evenals een restaurant, een bar met barbecue op het terras en een wodka- en whiskybar.

Duur tot luxe

Conrad Centennial (F 7/8)

2 Temasek Boulevard
tel. 63 34 88 88
fax 63 33 91 66
www.singapore.conradmeetings.com
2 pk vanaf S$ 300
Met 31 verdiepingen, 509 kamers en 25 suites (ook met voorzieningen voor gehandicapten). Tevens conferentiefaciliteiten, een groot *business centre* en een balzaal.

Grand Hyatt (B5)

10 Scotts Road, Singapore 228211
tel. 67 38 12 34
fax 67 32 16 96
http://singapore.grand.hyatt.com
MRT Orchard
2 pk vanaf S$ 290
Tussen de twee vleugels van het hotel (de gerenoveerde Grand Wing en de Terrace Wing) ligt een groot zwembad, omringd door palmen en een mooie tuin met een 12 m hoge waterval. Een oase van rust – het is nauwelijks te geloven, dat men zich hier midden in de drukste winkelwijk van Singapore bevindt. De kamers en suites (sommige met voorzieningen voor gehandicapten) zijn modern en zakelijk – heldere lijnen, neutrale kleuren, lichte houtsoorten – en zijn voorzien van een grote schrijftafel en een enorm grote televisie. Andere faciliteiten: tal van voorzieningen op het gebied van sport en wellness (zwembad, tennisbaan, airconditioned zaal voor squash en badminton, tafeltennis, spa en fitnesscentrum), twee innovatieve restaurants en een gerenommeerd Italiaans restaurant, evenals twee bars en de discotheek BRIX.

Pan Pacific (F 7/8)

7 Raffles Boulevard, Marina Square
tel. 63 36 81 11
fax 63 39 18 61
http://singapore.panpacific.com
2 pk vanaf S$ 300
Het in 1986 gebouwde hotel is in 2004 geheel gerenoveerd. De 35 verdiepingen zijn rond een atrium gebouwd; er zijn 775 kamers en suites, evenals een *wellness village* met zwembad, fitnesscentrum en spa. Zes restaurants, waaronder **Hai Tien Lo** (prima Kantonese keuken) op de 37e verdieping en **Kayaki**, een Japans restaurant met een tuin en een vijver met koi-karpers.

Marina Square-hotels

De vier rond de winkelcentra Marina Square en Millenia Walk gelegen luxueuze hotels (Conrad Centennial, Pan Pacific, The Oriental, Ritz-Carlton Millenia) hebben voortreffelijke voorzieningen voor zakenreizigers – niet verwonderlijk, want ernaast ligt een van de grootste beurscomplexen van Azië, het **Suntec Exhibition and Convention Centre**. De hotels bieden naast de gebruikelijke faciliteiten (*business centre*, fitnessruimte, spa/wellness-centrum, goed zwembad, verschillende restaurants en bars) ook een uitstekende bediening. Welke het meest aanspreekt is een kwestie van persoonlijke voorkeur – een kijkje op de respectievelijke internetsites kan helpen uw keuze te bepalen. Het is ca. 10 min. lopen naar MRT City Hall.

Shangri-La (buiten de kaart)

22 Orange Grove Road (ten westen van Orchard Road)
tel. 67 37 36 44
fax 67 37 32 57
www.shangri-la.com/singapore/shangri-la/en/index.aspx
MRT Orchard en ca. 15 min. lopen. Het hotel heeft een eigen pendelbus van en naar Orchard Road.
2 pk vanaf S$ 350, suites vanaf S$ 600
De belofte van de naam wordt waargemaakt: in dit door uitgestrekte groenvoorzieningen omringde hotel voelt men zich als in een andere wereld. In dit prachtige, luxueuze hotel zullen zowel vakantiegangers als zakenreizigers zich thuisvoelen. De kamers en suites (sommige met voorzieningen voor gehandi-

capten) liggen verspreid over drie vleugels: gewone stervelingen logeren in de Garden Wing of de gerenoveerde Tower Wing, filmsterren, *captains of industry* en staatshoofden in de exclusieve Valley Wing. De restaurants **The Line** (24 uur geopend) en **BLU** op de 24e verdieping van de Tower Wing worden gekenmerkt door koel minimalisme; de **Rose Veranda** op de *mezzanine level* (een halve verdieping boven de lobby) is een gezelliger plek voor de *afternoon tea*.

Swissôtel The Stamford (E 7)

2 Stamford Road
tel. 64 31 62 04
fax 64 31 66 77
www.singapore-stamford.swissotel.com
MRT City Hall
2 pk vanaf S$ 400, *club room* vanaf S$ 560
Dit hoge hotel, dat direct toegang biedt tot het Raffles City Shopping Centre en de MRT, heeft voor elk wat wils. Goede winkels en openbaar vervoer vlak voor de deur, vergaderzalen en kleinere vertrekken voor seminars, kamers en suites (sommige met voorzieningen voor gehandicapten) met een fantastisch uitzicht op de stad en de rivier, sportfaciliteiten als een zwembad, fitnesscentrum en tennisbaan, en ten slotte tal van bars, cafés en restaurants in verschillende prijsklassen, zoals **Café Swiss** op de 2e verdieping. In de twee exclusieve restaurants in het **Equinox Complex** op de 69e en 70e verdieping dineert men met misschien wel het mooiste uitzicht op de stad. Ook **New Asia**, een van de coolste bars in Singapore, maakt deel uit van Equinox.

The Fullerton Hotel (E 8/9)

1 Fullerton Square
tel. 65 33 83 88

fax 67 35 83 88
www.fullertonhotel.com
MRT Raffles Place
2 pk vanaf S$ 560, suites vanaf S$ 900
In het in 1928 gebouwde classicistische Fullerton was tot 1996 het hoofdpostkantoor (GPO) gevestigd. Vervolgens werd het ingrijpend verbouwd en in 2000 heropend als luxueus hotel met 400 kamers en suites. Het is centraal gelegen aan de monding van de Singapore River, 2 min. van Raffles Place, en wordt gekenmerkt door een geslaagde combinatie van moderne luxe en historische ambiance. Het zwembad biedt uitzicht op Boat Quay en de rivier. Ook gasten die hier niet overnachten kunnen thee drinken in de **Courtyard** of een drankje in de **Post Bar**.

The Oriental (F 8)

5 Raffles Avenue, Marina Square
tel. 68 85 30 30
fax 63 36 50 79
www.mandarinoriental.com/singapore/
2 pk vanaf S$ 360
Dit rond een atrium gebouwde hotel uit omstreeks 1985 is totaal gerenoveerd. De in warme donkerbruin- en roodtinten gehouden lobby met alleen indirecte verlichting straalt een sfeer van weelderige oosterse luxe uit, een thema dat terugkomt in de inrichting van de kamers. De 527 kamers en suites (sommige met voorzieningen voor gehandicapten) zijn allemaal voorzien van draadloze toegang tot internet (niet gratis!) en bieden door de hoge ramen uitzicht op de binnenstad of op het water. De bediening in dit hotel is om door een ringetje te halen. De buffetmaaltijden in het **Melt World Café** zijn weliswaar niet goedkoop (ontbijt S$ 36, lunch S$ 42, diner S$ 52–60), maar vanwege de enorm grote keus zeker hun geld waard.

The Raffles (E 7)

1 Beach Road, Singapore 189673
tel. 63 37 18 86
fax 63 39 76 50
www.singapore-raffles.raffles.com
MRT City Hall
alleen suites, vanaf S$ 800
Al snel na de opening in 1887 werd het Raffles als het beste hotel van Singapore beschouwd (zie blz. 68, 93). In 1989 werd het enigszins verwaarloosde hotel gesloten en grondig gerenoveerd. Sinds de heropening twee jaar later heeft het 103 suites (sommige met voorzieningen voor gehandicapten), ingericht in een authentieke koloniale stijl met alle denkbare hedendaagse comfort. De restaurants, bars en luxueuze winkels in de nieuwe zuilengalerij zijn ook voor niet-gasten toegankelijk.

The Ritz-Carlton, Millenia Singapore (F 8)

7 Raffles Avenue, Marina Square
tel. 63 37 88 88
fax 63 38 00 01
www.ritzcarlton.com/hotels/singapore
2 pk vanaf S$ 330
De 'badkamers met uitzicht' vormen een van de hoofdattracties van dit hotel van 32 verdiepingen. Niet alleen de ruime kamers en suites (sommige met voorzieningen voor gehandicapten) maar ook de badkamers bieden een panoramische uitzicht op Marina Bay of de skyline van Singapore. Het hotel is trots op zijn grote kunstverzameling – overal in het Ritz-Carlton zijn schilderijen, sculpturen en installaties (sommige van beroemde kunstenaars) te zien. Ook zijn er enkele goede restaurants, zoals **Greenhouse** voor lunch- en dinerbuffet en de **Chihuly-lounge** voor *afternoon tea*, cocktails en in de avond live jazz.

Eten en drinken

Als er één ding is dat alle inwoners van Singapore gemeenschappelijk hebben, is het wel hun passie voor lekker eten. De meest gebruikelijke groet rond het middaguur is: *Sudah makan?* of *Had your lunch?* (Hebt u al gegeten?) – een duidelijke aanwijzing hoeveel belang er aan eten wordt gehecht. Singapore is dan ook een paradijs voor fijnproevers, waar alle keukens van Azië vertegenwoordigd zijn.

Op grond van de bevolkingssamenstelling van Singapore zijn de Chinese, de Indiase en de Maleis-Indonesische keuken in al hun varianten (afhankelijk van de streek van herkomst en de religieuze traditie) in Singapore het sterkst vertegenwoordigd. Natuurlijk beïnvloeden de verschillende kookstijlen elkaar ook en zijn er mengvormen ontstaan. De bekendste (en bijzonder aanbevelenswaard) is de peranakan-keuken, ook nonya-keuken genoemd. Dit is de keuken van de Straits-Chinezen – Chinezen (meestal uit Zuid-China) die zich ongeveer drie eeuwen geleden aan de Straat van Malakka (aan de westkust van het huidige Maleisië) vestigden.

Wanneer u even genoeg hebt van Aziatisch eten kunt u in Singapore ook zonder problemen allerlei westerse gerechten krijgen, van Italiaanse pasta's of Duitse zuurkool met worst tot een Frans zesgangenmenu.

Waar kunt u terecht?

Goed eten hoeft in Singapore beslist niet duur te zijn. Zelfs de bewoners van de stad, die in veel andere opzichten uiterst statusbewust zijn, eten graag in een eenvoudig *food centre*, *food court* en *kopi tiam* (letterlijk:'koffiehuis'). De inrichting bestaat daar meestal uit plastic meubilair onder fel neonlicht – gezellig is anders, maar ze zijn dan ook niet bedoeld om lang te blijven hangen. Men komt, geniet van de (uitstekende) maaltijd, betaalt de (lage) rekening en gaat weer weg.

Food centres: in Singapore zijn de mobiele eetstalletjes die in heel Zuidoost-Azië te vinden zijn om hygiënische redenen van de straat verbannen en in zogenaamde *food centres* (of *hawker centres*) bijeengebracht. Deze zijn aan alle kanten open; de kraampjes staan rond genummerde, in de vloer verankerde tafels en krukken. De afzonderlijke kraampjes zijn gespecialiseerd in de keuken uit een specifieke streek, en vaak ook nog eens in slechts enkele gerechten. U bestelt bij het kraampje van uw keuze en het eten wordt dan meestal naar uw tafeltje gebracht, waar u meteen betaalt. Omstreeks het middaguur (12–13.30 uur) en voor het diner (18–19.30 uur) stromen duizenden hongerige Singaporezen maar het dichtsbijgelegen *food centre*, en rond die

40

tijden is het dan ook moeilijk om nog een plekje te bemachtigen. De meeste *food centres* zijn van een uur of 12 tot 's avonds tussen 20 en 21 uur geopend. De afzonderlijke kraampjes hoeven zich echter niet aan vaste openingstijden te houden, sommige zijn 's morgens veel vroeger open, andere blijven tot laat in de avond geopend.

Food courts zijn een wat luxeuzere versie van een *food centre,* dikwijls gevestigd op de begane grond of in de kelder van een winkelcentrum en geheel voorzien van airconditioning.

Kopi tiam: koffiehuis (van het Maleise *kopi* = koffie en het Hokkien *tiam* = winkel): een kleine gelegenheid of een aantal kraampjes bij elkaar – in maatschappelijk opzicht vervult de *kopi tiam* een functie die te vergelijken is met het Nederlandse buurtcafé. In de wijken buiten het centrum zijn ze meestal tussen winkeltjes op de begane grond van grote woonblokken gevestigd. In een *kopi tiam* kunt u terecht voor de Singaporese versies van thee en koffie, toast, zachtgekookte eieren en *kaya* (zie blz. 42); vaak serveert men er ook nog enkele andere gerechten, zoals *congee* (rijstepap), noedelsoep, *roti prata* of *nasi lemak* (zie blz. 43). 'Kopi tiam' is tegenwoordig ook de naam van een Singaporese keten van *food courts.*

Noedels en curries

Noedelgerechten worden in Singapore ofwel als *wet noodles* (d.w.z. in een soep), of als *dry noodles* geserveerd. In het laatste geval wordt de bouillon of soep in een apart kommetje bij de noedels opgediend. Zo kan men *wee siam* als soep of in een 'droge' versie bestellen, evenals *won ton noodles* (ook *wun tun* genoemd: kleine, met varkensgehakt gevulde deegkussentjes) en *prawn mee* (mie met garnalen).

Onder **curry** verstaat men in Singapore gerechten met stukjes vlees en groente in een hete, kruidige saus. Er wordt onderscheid gemaakt tussen *wet curries* met veel saus en *dry curries.* Bij de laatste wordt de saus geheel ingekookt.

Curries stammen oorspronkelijk uit India en Sri Lanka, maar ook in de Maleise keuken kent men vergelijkbare gerechten (b.v. *rendang,* zie blz. 43). De basis wordt gevormd door een kruidenmengsel *(curry powder),* dat overigens nauwelijks iets gemeen heeft met de kerriepoeder die in Nederland te koop is. Voor elke soort curry (groene, rode, enz.) is een specifiek kruidenmengsel nodig.

Dranken

Thee: in sommige theehuizen wordt de traditionele Chinese theeceremonie in ere gehouden. Als u echt dorst hebt kunt u echter beter van tevoren wat drinken, want na een omstandig ritueel, waarbij de thee verschillende malen opnieuw wordt verwarmd en overgegoten, blijft er ongeveer een borrelglaasje vol over om te drinken – en dan begint de ceremonie overnieuw.

Vochtige tissues

Een pakje verfrissingsdoekjes komt in Singapore altijd goed van pas, alleen al vanwege de vochtige hitte. Ze zijn ook handig in *food centres,* waar servetten geen deel uitmaken van de service. Verfrissingsdoekjes zijn o.a. verkrijgbaar bij de drogisterijketen Watsons, in supermarkten als Cold Storage en soms ook in kleinere winkeltjes waar kranten, frisdranken en dergelijke te koop zijn.

Culinaire woordenlijst

Aangezien Singapore dicht bij Indonesië ligt, zult u er regelmatig gerechten tegenkomen die ook in Nederland bekend zijn, zoals *satay* (saté), *mee goreng* (bami goreng) en allerlei soorten sambal. Bedenk echter wel dat de bereidingswijze nogal kan verschillen van wat u gewend bent, ook al wordt er gebruik gemaakt van dezelfde ingrediënten.

Kruiderijen

Sambal: milde tot zeer scherpe pasta van fijngesneden pepertjes en andere ingrediënten en kruiden (b.v. knoflook, gember en geelwortel).

Sambal belachan (blachan): als boven, plus krabpasta, dat in rauwe toestand vies ruikt, maar meegebakken een aromatische vissmaak geeft.

Ontbijt

Kaya: zoet, marmelade-achtig broodbeleg van kokos en eieren.

Voorgerechten en snacks

Carrot cake: geen wortelcake, maar de Singaporese versie van *rösti*. Een mengsel van meel en rammenas, ei, lente-uitjes en vaak ook garnalen wordt in een platte pan gebakken; bij de 'zwarte versie' wordt een dikke, vrij zoete sojasaus toegevoegd. Het mengsel moet van buiten knapperig en van binnen zacht zijn.

Curry puff: verse pasteitjes met een vulling van curry (meestal gehakt); Zuid-Indiaas.

Dosai (thosai / dosa): dunne pannenkoekjes van linzenmeel en water. Ze worden geserveerd als bijgerecht bij een curry, maar ook wel als aparte snack met aardappelvulling en kokoschutney.

Murtabak (spreek uit: mertabah): dunne pannenkoek, gevuld met een kruidig mengsel van gehakt en uien. Specialiteit van islamitische Indiërs.

Otak (spreek uit otah): kruidige, enigszins scherpe vispasta, gewikkeld in een pandanusblad en dan gegrild. Nonya-specialiteit.

Popiah: een soort dikke, niet-gefrituurde loempia. Een opgerold, flinterdun lapje deeg van rijstmeel, gevuld met gekookte ingrediënten (o.a. gehakte garnalen en tofoe, klein gesneden hardgekookte eieren, tamme kastanjes) en rauwe ingrediënten (stukjes augurk en pinda, taugé, slablaadjes), en wordt op smaak gebracht met sambal en zoete sojasaus. Nonya-specialiteit.

Rojak (spreek uit: rojah): Singaporese salade; de ingrediënten variëren, maar stukjes ananas, radijs, augurk, taugé, gebakken blokjes tofoe en *yu tiao* (Chinees gebak) horen er altijd bij. Het is gegarneerd met zoetzure dressing en stukjes pinda.

Roti paratah (of prata): lichte pannenkoekjes van een soort bladerdeeg; geserveerd als bijgerecht of als aparte snack met een of twee stukjes vlees en currysaus. Indiaas.

Satay (saté): houten spiezen met gemarineerde stukjes vlees (kip-, rund- of lamsvlees), boven houtskool gegrild en met een pikante pindasaus, schijfjes augurk en uien opgediend.

Soepen

Laksa: Maleise noedelsoep met dikke gele noedels en dunne rijstnoedels, een paar stukjes kip, gebakken tofoeblokjes en sint-jakobsschelpen *(clams)* in een hete bouillon van curry en kokosmelk, geserveerd met stukjes komkommer. **Nonya laksa** (met andere ingrediënten) komt vooral in Katong op tafel. **Penang laksa** bevat vis en in plaats van kokosmelk een zoetzure hete bouillon.

Vleesgerechten

Char kway teow (spreek uit: tsjar kwey tjau): gebakken rijstnoedels met taugé, tofoe en blokjes varkensvlees, gekruid met een dikke, licht zoete sojasaus.

Hainanese chicken rice: het lievelingsgerecht van veel Singaporezen is tamelijk eenvoudig: de rijst wordt droog geroosterd, samen met pandanusblad en gember licht gebakken en dan gekookt in kippenbouillon. Het gerecht wordt opgediend met *white chicken* (het vel is meegekookt en niet verwijderd) of *brown chicken* (gegrilde kip) en gekruid met sesamolie, sojasaus en lente-uitjes. Het is de bedoeling dat de stukjes kip in een bijgeleverde saus van gember en chili worden gedoopt. Oorspronkelijk van het eiland Hainan.

Mee goreng (Indonesisch *mee* = noedels, *goreng* = gebakken): noedels met groente, garnalen en stukjes vlees.

Nasi lemak (spreek uit: nasi lermah): in kokosmelk gekookte rijst, geserveerd met een kleine portie rendang of kip, geroosterde pinda's, gebakken ansjovis, stukjes augurk, een half hardgekookt ei en een schep sambal. Oorspronkelijk uit Maleisië; heel populair als ontbijt.

Nasi padang: gekookte rijst met verschillende bijgerechten (groente, vlees, vis). Indonesisch; genoemd naar de plaats Padang op het eiland Sumatra. De plaatselijke Chinese variant heet *economical rice* of *curry rice.*

Steamboat: Chinese fondue met bouillon, waarin fijngesneden groente, dunne schijfjes vlees, stukjes vis en schelpdieren gegaard worden.

Rendang: een van de zogenaamde *dry curries* – met een aantal aromatische kruiden langzaam in kokosmelk en water gegaarde stukjes vlees (meestal *beef,* rundvlees). Indonesische specialiteit.

Vis, schelp- en schaaldieren

Seafood: vis en zeebanket zijn in Singapore bijzonder populair. De prijs wordt dikwijls naar het gewicht aangegeven, b.v. 1 kg garnalen *(prawns)* S$ 60. Als u bij een kraampje in een *hawker centre* koopt, zeg dan precies hoeveel u wilt hebben, anders krijgt u een bord met een hele kilo!

Fish head curry: een specialiteit uit Singapore. Er wordt gebruik gemaakt van de koppen van grote roodbaarzen waaraan nog genoeg vlees zit. Singaporezen eten de hele kop (met uitzondering van de beenachtige delen). De currysaus die erbij wordt geserveerd smaakt in elk geval hemels!

Chilli crabs: in een rode chilisaus gegaarde kreeft *(mud crabs).*

Sambal stingray: gegrilde of gekookte stekelrog, geserveerd met een scherp gekruide pasta.

Desserts

Bubor pulot hitam: pudding van zwarte kleefrijst met kokosmelk.

Chendol: gerasp waterijs met sliertjes gelatinepudding, aangevuld met kokosmelk en siroop van palmsuiker. Bijzonder verfrissend.

Gula melaka: sagopudding met verse kokosmelk en palmsuiker.

Ice kachang: alleen al de kleurige aanblik doet het water in de mond lopen. Geschaafd waterijs, gegarneerd met rode bonen *(kachang),* maïs, blokjes gelatinepudding, rozensiroop en gecondenseerde melk.

Tau fu fah: heel zachte (neutraal smakende) stukjes tofoe in siroop.

Eten en drinken

In Indiase restaurants wordt dikwijls *masala tea* (ook wel *spiced tea* genoemd) geserveerd, bijzonder zoete thee met melk, gember en kaneel.

In een *kopi tiam* heeft men de keus tussen *teh* (thee met gecondenseerde melk en suiker), *teh-o* (thee met suiker), *teh-kosong* (thee met gecondenseerde melk), *teh-o-kosong* (zwarte thee), *tah halia* (thee met gembersmaak) en de in Maleisië en Singapore bijzonder populaire *teh tarik* (letterlijk getrokken thee): thee met melk en suiker wordt enkele keren snel van een hoger- in een lagergehouden mok gegoten. Behalve het showeffect – sommige schenkers zijn ware artiesten – heeft dit ook een praktische bedoeling: de drank wordt niet alleen licht gekoeld en goed gemengd, maar krijgt ook een licht laagje schuim.

Koffie: Singaporezen zijn altijd al gek geweest op koffie. De traditionele *kopi tiam*-versie is *kopi*, een pikzwarte, bijna stroperige koffie, die in dezelfde vari-anten als thee kan worden besteld (b.v. *kopi-o*: koffie met suiker) en natuurlijk *kopi tarik* – een soort inheemse variant van cappuccino.

Vruchtensappen: in elk *food centre* vindt u kraampjes waar vers geperste vruchtensappen te koop zijn – niet alleen de bekende (sinaasappel, watermeloen enz.), maar ook exotische als sap van suikerriet, carambola *(starfruit)* en zuurzak *(soursop)*. Bijzonder lekker en dorstlessend is verse kokosmelk *(young coconut milk)*. Op de markten ziet u stapels jonge kokosnoten: laat de bovenkant er afhakken, steek er een rietje in en geniet.

Soy bean milk: sojamelk, wat eigenlijk een wat misleidende naam is – de vloeistof ziet er weliswaar uit als volle melk, maar heeft een volkomen andere, enigszins notige smaak. Sojamelk is kant-en-klaar in pakken te koop, maar vers bereid op een markt is het veel lekkerder.

Roken

Rokers hebben het moeilijk in Singapore, want roken is vrijwel volledig uit het openbare leven verbannen. Overtreders kunnen bestraft worden met boetes tot S$ 1000 en ambtenaren van de NEA (National Environment Agency) voeren regelmatig controles uit. Roken is verboden in alle openbare gebouwen, overheidskantoren, winkelcentra, musea, bioscopen, air-conditioned restaurants, liften, openbare toiletten, alle vormen van openbaar vervoer, op MRT-stations en zelfs bij bushaltes. In juli 2006 werd het verbod ook van kracht in *food centres*, koffiehuizen en bijna alle restaurants, waar nog slechts een klein hoekje voor rokers mag worden ingericht. Vanaf juli 2007 geldt het verbod bovendien voor alle cafés, bars en andere uitgaansgelegenheden; het staat hen echter vrij om een aparte geventileerde ruimte voor rokers in te richten. Om ook de meest verstokte rokers af te schrikken moet elk pakje sigaretten (prijs: ongeveer S$ 10) voorzien zijn van een afschrikwekkende afbeelding van verrotte tanden of door kanker aangetaste organen. Sigaretten zijn in Singapore duur; zelfs een slof sigaretten die elders belastingvrij is gekocht wordt door de douane belast. Eén aangebroken pakje is toegestaan, maar voor alle andere moet men belasting betalen. Het is echter geen probleem sloffen sigaretten die in een belastingvrije winkel op het vliegveld zijn gekocht uit te voeren: handel is ten slotte handel.

Food centres en food courts

Lau Pa Sat (E 9/10)

18 Raffles Quay, CBD
Sommige kraampjes zijn 24 uur per dag geopend.
MRT Raffles Place

Alleen al vanwege het gebouw is de achthoekige 19e-eeuwse gietijzeren markthal met zijn slanke zuilen en gewelfde dak een bezoek waard. Ongeveer vijftig kleine kraampjes bieden in de 'oude markt' (een letterlijke vertaling van de naam) hun gerechten en dranken aan. De prijzen liggen er een beetje hoger dan in de meeste andere *hawker centres*, maar daar staat tegenover dat het hier een stuk gezelliger is. Vanaf 19 uur is Boon Tat Street voor verkeer afgesloten en wordt de straat het domein van stalletjes waar allerlei soorten saté worden bereid.

Makansutra Gluttons Bay (F 8)

#01–15, Esplanade Mall
Esplanade – Theatres on the Bay
zo.-do. 18–24, vr. en za. tot 3 uur
MRT City Hall

Hier kunt u terecht voor lekkere en goedkope Singaporese snacks als saté of omelet met oesters, evenals diverse noedelgerechten, bijvoorbeeld *mee goreng* en *char kway teow*. Makansutra Gluttons Bay is de eetafdeling van het culturele centrum Esplanade. Hier staan nog enkele oude keukenkarretjes die tot enkele tientallen jaren geleden, voordat ze uit hygiënisch oogpunt naar de *hawker centres* werden verbannen, onlosmakelijk waren verbonden met het straatbeeld van Singapore. Naar verluidt zijn sommigen van de huidige verkopers nazaten van de vroegere straatventers.

Maxwell Road Food Centre (D 10)

Maxwell Road, Chinatown / Tanjong Pagar
dag. 7–2 uur (sommige kraampjes sluiten eerder)
MRT Tanjong Pagar of Chinatown

Een populair *food centre* in een classicistisch gebouw schuin tegenover het Jinricksha Building. Na een grote opknapbeurt is het in 2001 heropend. Goed en goedkoop, en bijzonder aan te bevelen: kraampje nr. 10 met *tian tian hainanese chicken rice*. Sommige kraampjes bereiden Chinese gerechten die in andere *food centres* zelden te koop zijn.

Newton Hawker Centre (C 4)

dag. 18 tot ca. 4 uur
MRT Newton

Newton is toeristisch en daarom (naar verhouding) duur, maar de ligging direct aan de MRT is nu eenmaal erg praktisch. Bovendien kan men hier nog tot diep in de nacht wat eten en drinken – wat ook de plaatselijke bevolking op waarde weet te schatten. De kraampjes bieden de gebruikelijke doorsnede van de Singaporerese keuken, zoals saté, *char hainanese chicken rice* en dergelijke. Zeebanket is heel geliefd, maar ook het duurst. Laat u niets aansmeren door de welbespraakte verkopers; u kunt veel beter eerst een rondje lopen voor u iets bestelt (en geef bij vis of zeebanket precies aan hoeveel – stuks of gram – u wilt hebben!).

StraitsKitchen (B 5)

Lobby Level, Grand Hyatt Hotel
Scotts Road
dag. 6–24 uur
MRT Orchard

Dit is eigenlijk een trendy restaurant, dat eruit ziet als een *food centre*. Het belangrijkste verschil: de gerechten

45

Koffie en banketbakkerijen

Vestigingen van buitenlandse ketens (o.a. Starbucks, Delifrance, Coffeebean and Tea Leaf) zijn haast overal op het eiland te vinden.

Dome

De cafés van de keten Dome zijn al bijna restaurants, waar naast lekker gebak ook eenvoudige gerechten (soepen, salades, pasta's) op tafel komen. Vestigingen o.a. bij het Singapore Art Museum, 71 Bras Basah; Park Mall Shopping Centre, Orchard Road; Suntec City Exhibition Centre, Raffles Boulevard.

tcc (the coffee connaisseur)

De 'art boutique cafes' van deze keten onderscheiden zich van de concurrentie door moderne schilderijen aan de wand en een minimalistische inrichting. Vestigingen o.a. Peranakan Place, 182 Orchard Road; Bugis Junction, 80 Middle Road; Clarke Quay; Block 3E River Valley Road.

dag. 7–22.30 uur
MRT Orchard en ca. 15 min. lopen, of bus 7 vanaf Grange Road
Dit kleine *food centre* aan de rand van de botanische tuin is bijzonder aangenaam. Men kan zowel buiten als binnen (in een ruimte met airconditioning) zitten. De keus is niet groot: *nasi padang*, noedelgerechten, soepen, *roti prata* en andere islamitisch-Indiase specialiteiten (zeer goed), desserts, fruit en vruchtensappen; er is ook bier van de tap.

Chinese theehuizen

Tea Chapter (C/D 10)

9a–11a Neil Road, Singapore 088808
Tanjong Pagar
tel. 62 26 30 26
www.tea-chapter.com.sg
MRT Outram Park of Tanjong Pagar

Yixing Xuan Teahouse (C/D 10)

30/32 Tanjong Pagar Road
Tanjong Pagar
tel. 62 24 69 61
www.yixingxuan-teahouse.com
MRT Outram Park of Tanjong Pagar

Chinese keuken

Chin-Chin Eating House (F 7)

19 Purvis Street
tel. 63 37 46 40
dag. 7–21 uur
MRT Bugis
Klein, door een gezin gerund eethuisje, gespecialiseerd in de keuken van Hainan, zoals *hainanese claypot mutton* (schapenvlees in een schaal van aardewerk; met wortels, knoflook en Chinese paddestoelen in een donkere saus). En dat alles voor slechts S$ 7!

worden hier niet warmgehouden, maar op bestelling bereid. Terwijl u op het eten wacht kunt u de koks aan het werk zien. Geboden wordt een doorsnede van de Singapore-keuken, o.a. *rojak*, saté en *laksa*. Tussen de middag en 's avonds is het hier even druk als in de *food centres* van Chinatown.

Taman Serasi Food Garden (buiten de kaart)

Tanglin Gate (hoofdingang), Botanic Gardens
Cluny Road / hoek Holland Road

Hai-Tien Lo (F 7/8)

37e verdieping, Pan Pacific Hotel
Raffles Boulevard
tel. 64 34 83 38
lunch ma.-vr. 12.30–14.30,
za. en zo. vanaf 11.30 uur,
diner dag. 18.30 –22.30 uur
MRT City Hall
Met uitzicht op de skyline van Singapore genieten van de uitmuntende Kantonese keuken – het is niet voor niets dat Hai-Tien Lo al verschillende keren tot 'restaurant van het jaar' is uitgeroepen. Op het menu staan typisch Kantonese gerechten als haaienvinnensoep, kamschelpen, knapperig gebraden kip, evenals enkele westerse gerechten, zoals gerookte zalm. Hoofdgerechten S$ 25–40. Lunch (menu van de dag) ca. S$ 40.

Killiney kopi tiam (C 6)

67 Killiney Road
tel. 67 34 96 48
dag. 6 tot ongeveer 23 uur
MRT Somerset
Koffie, thee en uitmuntende *kaya*-toast of Franse toast. 's Middags en 's avonds lekkere curries voor onder de S$ 10. Vestigingen in Chinatown: 21 Amoy Street en 11 Lorong Telok, een zijstraatje van Circular Road. Ook op 30 Purvis Street (MRT Bugis).

Long Beach (buiten de kaart)

1018 East Coast Parkway
tel. 64 45 88 33
dag. 11.15–15, 17–24 uur
het gemakkelijkst bereikbaar per taxi
Een van de vele visrestaurants die zich aan de East Coast aaneenrijgen. De specialiteit van het huis is kreeft uit Sri Lanka in *black pepper gravy* (saus van zwarte peper). Voor het diner moet men een tafel reserveren, want het is er altijd erg druk. Vis, schelp- en schaaldieren worden per gewicht verkocht; de prijzen wisselen per seizoen. De meeste gerechten kosten S$ 10–17.

No Signboard Seafood (G 8)

#01–14 The Esplanade,
8 Raffles Avenue
tel. 63 36 99 59
dag. 11–23 uur
MRT City Hall
Toen dit restaurant in het prille begin van de opkomst van de East Coast werd geopend, was er zelfs niet genoeg geld voor een uithangbord – vandaar de naam. Toen No Signboard Seafood een grote reputatie had opgebouwd verhuisde het naar het culturele centrum Esplanade. Enkele populaire gerechten zijn *chilli crab* en *pepper crab*. De prijzen liggen op hetzelfde niveau als bij Long Beach.

Qun Zhong Eating House (C 10)

21 Neil Road, Tanjong Pagar
tel. 62 21 30 60
do.-di 11.30–15, 17.30–21.30 uur
MRT Tanjong Pagar of Outram Park
Een klein familiebedrijf, gespecialiseerd in de Shanghai-keuken; vooral de *dumplings* (gevulde deegballetjes, in het Chinees *jiao zi*), die in tal van variaties op de kaart staan, zijn iets bijzonders. Onder de S$ 10.

Riverine Ban Seng (D 8)

20 Upper Circular Road
B#1–44 The Riverwalk
tel. 65 33 14 71
lunch dag. 12–14.30 uur, diner dag. 17.30–22 uur; za. en zo. soms een half uur langer
MRT Clarke Quay
Dit bekende Teochew-restaurant is van zijn vroegere behuizing in Kreta Ayer / Chinatown naar een winkelcentrum

verhuisd. De specialiteiten van deze keuken zijn heldere bouillons, *steamboat* en rijstpap. Aan te bevelen zijn: *Teochew steamed pomfret* (gestoomde vis) en *braised goose meat* (gestoomd ganzenvlees). Hoofdgerechten S$18–30.

Indiase keuken

Bombay Woodlands
(buiten de kaart)

#1–01 Tanglin Shopping Centre
19 Tanglin Road
tel. 62 35 27 12
dag. 9.30–22 uur
MRT Orchard en 10 min. lopen

Een chiquere variant van restaurant Madras Woodlands. Hier komen Zuid-Indiase vegetarische gerechten van uitzonderlijke klasse op tafel. Hoofdgerecht S$8–10, snacks (*dosa* e.d.) ca. S$6. Het lunchbuffet voor ongeveer S$20 heeft een bijzonder goede prijs-kwaliteitsverhouding.

Komala Vilas (E 5)

76–78 Serangoon Road en 12–14 Buffalo Road
dag. 7– 22.30 uur
MRT Little India

Al lang bestaand Zuid-Indiaas vegetarisch restaurant van twee verdiepingen. Boven worden rijst, currygerechten en bijgerechten op bananenbladeren geserveerd. Men betaalt bij de kassa op de begane grond, waar ook snacks (o.a. *curry puffs*), Indiase zoute koekjes (*murukku*) en zoetigheden te koop zijn. Onder de S$10.

In **Race Course Road** (E 4/5) en de evenwijdig aan deze straat lopende **Chander Road** (E 5) zijn tal van Zuid-Indiase restaurants te vinden, waar currygerechten (vegetarisch of met vlees of vis) op bananenblad worden geserveerd, met bijgerechten als Zuid-Indiase pannenkoek *(appam en puttu)*. Sommige zijn spotgoedkoop (menu van de dag S$5–7), gelegenheden die gespecialiseerd zijn in *fish head curry* zijn wat duurder.

Madras New Woodlands (E 5)

12 Upper Dickson Road
dag. 7–22.30 uur
MRT Little India

Vergelijkbaar met restaurant Komala Vilas, met het verschil dat rijst, brood, curry en bijgerechten hier in schaaltjes op een metalen dienblad (*thali*) worden opgediend, en niet op een bananenblad.

Muthu's Curry House (E 5)

138 Race Course Road
tel. 63 92 17 22
dag. 10–22 uur
MRT Little India

Enkele jaren geleden is deze bijzonder populaire gelegenheid verhuisd en van een eenvoudig, chaotisch en typisch Zuid-Indiaas curry-eethuisje veranderd in een chic restaurant. De kwaliteit van de *fish head curry* (vanaf S$22) heeft daar echter niet onder geleden.

Een andere klassieker in dezelfde straat is **Banana Leaf Apolo** op nr. 54–58 (E 4).

Orchard Maharajah (C 6)

27 Cuppage Road
tel. 67 32 63 31
www.maharajah.com.sg
dag. 11–15, 18–22.30 uur
MRT Somerset

Hoogtepunt

Little India

Eten op een bananenblad in Little India

Orchard Maharajah is gevestigd in de 'H2O-Foodstreet', een zijstraat van Orchard Road, naast het Centrepoint Shopping Centre. Uitstekende Noord-Indiase tandoori-gerechten– de schotels zijn in vergelijking met die uit Zuid-India minder heet; veel gerechten worden in een romige saus geserveerd. Enkele tips: *tandoori chicken* (kip S$ 14), *raan e maharaja* (lamsvlees S$ 22) en vegetarische gerechten, b.v. *aloo gobi* (curry met bloemkool en aardappelen, S$ 11). Men kan ook aangenaam buiten zitten. Het restaurant heeft ook twee vestigingen aan Boat Quay (nr. 37 en nr. 41).

Singapore Zam Zam (F 6)
697 North Bridge Road (hoek Arab Street)

tel. 62 98 70 11
dag. 7–23 uur
MRT Bugis
Generaties stedelingen hebben in dit islamitisch-Indiase eethuisje genoten van de specialiteit van het huis: *murtabak*-pannenkoek, naar verluidt de beste van de stad. De *nasi bryani* (kruidige rijst met kip of lamsvlees) is eveneens uitstekend. Hier kunt u spotgoedkoop voor minder dan S$ 10 eten.

The Mango Tree Indian Coastal Restaurant (buiten de kaart)
1000 East Coast Parkway
tel. 64 42 86 55
dag. 11.30–14.30, 18.30–24 uur
het gemakkelijkst bereikbaar met een taxi.

Eten en drinken

Dit Indiase restaurant ligt te midden van de Chinese visrestaurants aan de oostkust. Ook het menu wijkt nogal af van het gebruikelijke aanbod in deze wijk. Behalve op Indiase wijze bereid zeebanket (*crab curry calicut, masala crab, kerala fish curry*) kunt u hier ook genieten van lekkernijen als *green mango curry, mango naan* en *chicken chapora* (kip in cashewnotenpasta). In het weekeinde is reserveren aan te raden. Hoofdgerechten S$ 12–25.

Maleis-Indonesische keuken

Restoran Tepak Sireh (F 6)
73 Sultan Gate, Kampong Glam
tel. 63 96 43 73,
www.tepaksireh.com.sg
dag. 11.30–14.30, 18.30–22.30 uur
MRT Bugis
Tepak Sireh, gevestigd in een voorname, 150 jaar oude villa (Gedung Kuning) naast het paleis van de sultan (Istana Kampong Glam) is iets bijzonders: vreemd genoeg zijn in de Maleise keuken gespecialiseerde restaurants (in tegenstelling tot Maleise kraampjes in *food centres*) in Singapore nauwelijks te vinden. 's Middags en 's avonds wordt hier een rijsttafel geserveerd met kenmerkende gerechten, zoals *beef rendang, nasi bryani* en *sotong* (inktvis). Vr. en za. avond is er een culturele show met traditionele dans. Buffet op werkdagen 's middags S$ 15, 's avonds S$ 18, za. en zo. middag S$ 18, vr. en za. avond S$ 30 incl. show. Reserveren is noodzakelijk.

Rendezvous Restaurant Hock Lock Kee (F 7)
Hotel Rendezvous
9 Bras Basah

tel. 63 39 75 08
dag. 11–23 uur
MRT Dhoby Ghaut
Het in de hele stad bekende gelijknamige koffiehuis is omstreeks 1995 afgebroken om plaats te maken voor een groot hotel, waar de populaire gelegenheid op de eerste verdieping een nieuw onderkomen heeft gevonden. De *nasi padang* is nog even lekker als vroeger; volgens vaste klanten heeft het eten niets aan kwaliteit ingeboet. Enkele aanraders: *sayur lodeh* (groente in kokosmelk, ca. S$ 9) en *ayam goreng* (gebakken kip, S$ 11).

Rumah Makan Minang (F 6)
18 Kandahar Street, Kampong Glam
tel. 62 94 48 05
dag. 7.30–19.30 uur
MRT Bugis
Bescheiden restaurant in de schaduw van de Sultan Mosque. Voor het ontbijt wordt *nasi lemak* (S$ 5) geserveerd, voor de lunchr *nasi padang* (S$ 4–7). Bijzonder aan te bevelen is de gado-gado voor S$ 2,50.

Peranakan-keuken

Chilli Padi Nonya Restaurant (buiten de kaart)
#01–03, 11 Joo Chiat Place, Katong
tel. 62 47 93 51
dag. 11–14.30, 18–22 uur
MRT Paya Lebar en 15–20 min. lopen, of bus 14 richting Bedok vanaf Orchard Road / Bras Basah naar East Coast Road / hoek Joo Chiat Road
Eenvoudig, maar zeer goed peranakanrestaurant. Probeer de klassieke *ayam buah keluak* – een gerecht met gestoomde kip en Indonesische noten (S$ 8). *Kueh pai ti* (pasteitjes gevuld met stukjes wortel, stukjes garnaal en kori-

ander, S$ 6,50) past daar uitstekend bij als voorgerecht.

Een ander goed peranakan-restaurant in Katong is **True Blue**, 117 East Coast Road, tel. 64 40 04 49, dag. 11–14.30, 18–22 uur.

Katong Laksa (buiten de kaart)

49 East Coast Road, Katong
bus nr. 14 richting Bedok vanaf Orchard Road / Bras Basah naar East Coast Road / hoek Joo Chiat Road
Katong laksa wordt niet met stokjes, maar met een porseleinen lepel geserveerd. Samen met drie andere gelegenheden aan East Coast Road strijdt dit restaurant om de titel 'het oorspronkelijke *katong laksa*-restaurant'; de drie andere zijn te vinden op nr. 47, 57 en 328. De soep is overal even lekker. Ca. S$ 5.

The Blue Ginger (C/D 10)

97 Tanjong Pagar Road
tel. 62 22 39 25
dag. 12–14.30 en 18–22.30 uur
MRT Tanjong Pagar
Een gezellig, al lang bestaand restaurant in een gerestaureerd winkelpand; aan de inrichting, die aan een traditioneel *kopi tiam* doet denken, is veel zorg besteed. Hier komen heerlijke en – zo verzekeren de vaste klanten – authentieke nonya-gerechten op tafel, zoals *assam puteh* (een heet-zure soep met zeebanket, die wel wat lijkt op Thaise *tom yam*-soep) en als hoofdgerecht *ayam buah keluak* (zie boven, Chilli Padi Restaurant), *babi pongtay* (gestoomd varkensvlees in bonenpasta, gekruid met een beetje kaneel) of *beef rendang* ('droge' rundvleescurry). De specialiteit van het huis is *durian-chendol* (geraspt ijs, overgoten met een beetje kokosmelk) – de smaak en geur van de doe-

rian zijn echter niet aan iedereen besteed. Gerechten in kleine porties kosten S$ 8–17.

Thaise en Vietnamese keuken

Indochine Waterfront (E 8)

Asian Civilisations Museum
1 Empress Place
tel. 63 39 17 20
www.indochine.com.sg
zo.-vr. 12–14.30, dag. 18.30–23 uur
MRT Raffles Place of City Hall
Chic en duur restaurant op een van de mooiste plekken van Singapore aan de monding van de Singapore River, met uitzicht op de wolkenkrabbers van het Financial District. De gasten kunnen dineren op het grote terras of binnen zitten in een prachtige eetzaal met kroonluchters en kostbaar antiek. De keuken is modern Indochinees met invloeden uit Laos, Cambodja en Vietnam. Hoofdgerecht ca. S$ 30. Indochine maakt deel uit van een keten van bars en restaurants in zowel Singapore als erbuiten; de **Bar Opiume** in hetzelfde gebouw en het goedkope restaurant **Siem Reap** horen er ook bij.

Va Va Voom (E/F 6)

#01–05, 470 North Bridge Road, Chinatown
tel. 63 36 12 48
dag. 11–22 uur
MRT Bugis
Klein restaurant; populair voor lunch en diner. Lichte Vietnamese gerechten (S$ 5-8), grote keus aan Vietnamese desserts, vruchtensappen, thee en koffie. Tevens enkele alcoholhoudende dranken (bier, wijn, lemongrass wodka). Er is ook een vestiging in 36 Seah Street achter het Raffles Hotel.

Eten en drinken

Westerse keuken
Bratwurst Shop (B 5)
#B2–39C Plaza Singapura
ma.-vr. 8.30–21.30, in het weekeinde
vanaf 10.30 uur
MRT Dhoby Ghaut
Hier wordt traditionele Duitse zuurkool
met worst geserveerd voor S$ 4,50.

Crossroads Cafe (B 5)
In de kelder van het Singapore
Marriott Hotel
320 Orchard Road
tel. 68 31 46 05
zo.-wo. 7–0.15, do.-za. tot 2.15 uur
MRT Orchard
In dit centraal gelegen café is de keuze
groot: Griekse salade, lamskotelet, pizza's, pasta's en Aziatische snacks als samosa's (gefrituurde deegenvelopjes
met gekruid gehakt). In oktober wordt
er een Beiers oktoberfeest gevierd,
compleet met schnitzel, braadworst,
witte worst en bier van de tap. Hoofdgerechten S$ 10–18.

Les Amis – Au Jardin
(buiten de kaart)
EJH Corner House
Botanic Gardens, in de buurt van het
Vistor Centre
Cluny Road
tel. 64 66 88 12
www.lesamis.com.sg
MRT Orchard en ca. 15 min. lopen, of
bus 7 vanaf Grange Road
Schitterend restaurant in een oud pand
uit de koloniale tijd, midden in de botanische tuin. Klein (slechts 12 tafels),
bijzonder goed en bijzonder duur: dit is
een restaurant voor bijzondere gelegenheden. Franse keuken. Zesgangenmenu S$ 150. Provençaalse brunch op

zondag S$ 60; wijn S$ 70. Reserveren is
noodzakelijk.

Magma German Wine Bistro
& Deli (C 10)
2–4 Bukit Pasoh Road, Chinatown
tel. 62 21 06 34
www.magmatc.com
zo.-do. 8–23, vr. en za. 8–24 uur
MRT Outram Park
Een van de weinige Duitse restaurants
in Singapore waar meer op tafel komt
dan alleen *pork knuckles* (*hax'n* of
Eisbein), braadworst en bier – hoewel
dat uiteraard ook op het menu staat
(S$ 20), evenals gerechten als *Flammkuchen* (S$ 14–19) en *Rostbraten* (geroosterd vlees met macaroni, S$ 25).
Verder is dit kleine restaurant gespeci-

aliseerd in Duitse wijnen: het deskundige personeel weet alles over Duitse wijnsoorten en -gebieden.

The Moomba (D/E 9)
52 Circular Road
tel. 64 38 01 41
www.themoomba.com
ma.-vr. 11–14.30 uur,
ma.-za. 18.30–22 uur
MRT Raffles Place
Het woord *moomba* is vermoedelijk ontleend aan een van de Australische aboriginal-talen en betekent zoiets als: 'We ontmoeten elkaar!' (een volksfeest in Melbourne draagt dezelfde naam). Dit restaurant is gespecialiseerd in de moderne Australische keuken – lichte, fantasievolle gerechten, dikwijls met fu-

sion-trekjes. Natuurlijk wordt er Australische wijn geschonken. Hoofdgerechten S$ 25–30, tweegangenlunch S$ 35.

Fusion-keuken

Ember (C 10)
Hotel 1929
50 Keong Saik Road, Chinatown
tel. 63 47 192 8
lunch ma.-vr. 11.30–14 uur, diner
ma.-za. 18.30–20 uur
MRT Outram Park
De inrichting is minimalistisch modern, de keuken mediterraan, soms met een Aziatisch tintje: zeekreeft gazpacho, inktvispasta's, gebakken kip, gebakken lamsvlees, zeebanket met *wasabi*. De

kok heeft vroeger o.a. in het Raffles ge-
werkt en verstaat zijn vak. Gezien de
kwaliteit en de modieuze ambiance zijn
de prijzen heel redelijk – ca. S$ 30; het
dagmenu is goedkoper. Reserveren is
noodzakelijk!

Vegetarische keuken

Annalakshmi Janatha Restaurant (D 9)

In het atrium van Chinatown Point
Upper Cross Street / hoek New Bridge
Road; ook een vestiging in 104 Amoy
Street (schuin tegenover de Thian
Hock Keng-tempel)
tel. 63 39 99 93
www.annalakshmi.com.sg
dag. 11–22 uur
MRT Chinatown
Dit al vele jaren bestaande vegetarische
restaurant serveert in zijn nieuwe behuizing in Chinatown zeer goede Noord-
en Zuid-Indiase gerechten. Het restaurant is verfraaid met waardevolle oude
kunstwerken en beelden uit India. An-
nalakshmi wordt door vrijwilligers ge-
dreven; de opbrengst gaat naar een Indiase culturele instelling. Het restaurant
hanteert geen vaste prijzen; de gasten
wordt verzocht een bedrag te doneren
dat ze zich kunnen veroorloven en dat
hun redelijk lijkt.

Linghzi Vegetarian Restaurant (A 5)

#05–01 Liat Towers
541 Orchard Road
tel. 67 34 37 88
dag. 11.30–15 en 18–22 uur
MRT Orchard
Uitstekend vegetarisch restaurant met
ongebruikelijke gerechten, veelal geïnspireerd op de Chinese keuken. Een
aanrader: Japanse paddestoelen in een

gefrituurd korstje. Er is ook een
vestiging in Chinatown: #01–91 Far
East Square, Amoy Street. Hoofdgerechten S$ 14–20.

Whatever The Bookstore & Café (C 10)

18 en 20 Keong Saik Road
tel. 62 24 03 00
dag. 9–22.30 uur
MRT Outram Park
New Age-boekhandel met café; de yo-
gastudio ertegenover is van dezelfde eigenaar. Op het menu staan pasta's, soepen, sandwiches en salades (vaak bereid met organisch geteelde
ingrediënten), evenals vruchten- en
groentesappen. Enkele prijzen: anti-
pasto-schotel S$ 11, lasagne met groen-
te S$ 12.

Buiten dineren met uitzicht

Equinox Restaurant (E 7)

2 Stamford Road
70e verdieping, Swissôtel The Stamford
tel. 64 31 51 75
lunch ma.-za. 12–14.30 uur,
zo. brunch 11–14.30 uur; *high tea*
ma.-za. 15–17, zo. vanaf 15.30 uur;
diner ma.-za. 18.30–22 uur,
zo. vanaf 19 uur
MRT City Hall
Het uitzicht is in de meest lettterlijke zin
van het woord niet te overtreffen (men
bevindt zich op 226 m hoogte) en het
restaurant is met verhoogde platforms
zo ingedeeld dat de gasten aan elke tafel een onbelemmerd uitzicht hebben
via het hoge, van de vloer tot het plafond doorlopende raam. Ook het eten is
van topklasse: zowel westerse als Aziatische gerechten – het een of het ander,
de twee kookstijlen worden niet ver-

mengd. Voor de lunch en *high tea* is er een buffet, 's avonds bestelt men *à la carte*. Hoofdgerechten S$ 35–50, vegetarische schotels zijn goedkoper. Driegangenmenu ongeveer S$ 85, met wijn S$ 150. Wie iets heel bijzonders te vieren heeft kan bij het aangrenzende **Jaan** Frans dineren; de glinsterende sculpturen van Muranoglas die aan het plafond hangen verlenen het restaurant een feestelijke sfeer. De **New Asia Bar**, een verdieping hoger, is een van de meest trendy bars van Singapore.

Faber Hill Bistro (buiten de kaart)

101 Mount Faber Road, Faber Hill
tel. 63 77 96 88
dag. 9–1 uur
MRT HarbourFront, dan bus nr. 409 vanaf HarbourFront Coach Bay of vanaf Seah Im Bus Interchange naar de Jewel Box op Mount Faber; of met de kabelbaan vanaf HarbourFront Tower Two Cable Car Station
Wie het gewoel van de stad even wil ontvluchten is bij deze informele openluchtbistro op Mount Faber precies aan het goede adres (overigens: *Mount* Faber is flink overdreven – het betreft een heuvel van slechts 110 m hoog). Het terras biedt uitzicht op de haven, Sentosa en andere eilandjes ten zuiden van Singapore. Op het menu staan steaks en andere westerse gerechten (S$ 10–15). In het complex boven op Mount Faber, dat de naam Jewel Box draagt, zijn nog twee populaire bars gevestigd: **Altivo** (waar men eveneens kan eten) en de **Glass Bar.**

Skydining (buiten de kaart)

Vanaf Jewel Box, 101 Mount Faber Road, Faber Hill
tel. 63 77 96 88
www.mountfaber.com.sg
dag. 18.30–20.30 uur
MRT HarbourFront, dan bus nr. 409 vanaf HarbourFront Coach Bay of vanaf Seah Im Bus Interchange naar de Jewel Box op Mount Faber
Terwijl u rond zonsondergang in een cabine van de kabelbaan drie keer heen en terug van Mount Faber over Harbour Front naar Sentosa zweeft wordt een driegangenmenu (westerse keuken) geserveerd. De pret duurt anderhalf tot twee uur en kost voor twee personen S$ 90 (alleen zo.-do.) of S$ 160 (dag., incl. een glas wijn); voor kinderen onder de 12 jaar is er een kindermenu voor S$ 20.

The Café (D 7)

Eerste verdieping, The Legends, Fort Canning Park
11 Canning Walk
tel. 63 38 61 27
www.legendsfortcanning.com
zo.-do. 7–22 uur, vr. en za. 8–22 uur
MRT Dhoby Ghaut
In een historisch gebouw – in de Tweede Wereldoorlog was hier het hoofdkwartier van het Britse commando van het Verre Oosten gevestigd – bevindt zich de club The Legends, waar ook een goed café-restaurant bij hoort. De gasten kunnen gezellig aan de rand van het park op het terras zitten of, als het daar te warm is, binnen. Ondanks de rust ligt de club slechts enkele minuten van Orchard Road. Bij bestelling *à la carte* heeft men de keus tussen westerse gerechten (hamburger, pizza, salade) of *Singapore-evergreens*. U kunt ook kiezen voor een lunchbuffet (ma.-za. ca. S$ 23, zo. S$ 25; internationale keuken) of een diner-buffet (vr., za. en zo. avond S$ 16–23; Singaporese keuken). Bijzonder kindvriendelijk: er is een kindermenu en een speelplaats. Ook niet-leden zijn welkom in het restaurant.

Winkelen

Stad van winkelpassages, winkelcentra en straatmarkten

Wie van winkelen houdt zal zich in Singapore in een paradijs wanen — letterlijk overal zijn winkels, soms bij elkaar in een **winkelpassage** *(shopping arcade* of *shopping gallery)*, meestal in **winkelcentra** *(shopping centres)* of **shopping malls.** De laatste zijn winkelcentra van verschillende verdiepingen, die plaats bieden aan honderden winkels, van reusachtige warenhuizen als Isetan en Tangs tot piepkleine winkeltjes waar de meest uiteenlopende spullen aan de man worden gebracht. Bovendien vindt u er talrijke dienstverlenende bedrijfjes, zoals wisselkantoren en kapsalons, eetgelegenheden (van eenvoudige *food courts* tot chique restaurants) en bioscopen.

In sommige winkelcentra is van alles te koop, veel andere zijn juist gespecialiseerd in bepaalde artikelen, bijvoorbeeld merkkleding, antiek of computers. Een aantal winkelcentra, zoals **Ngee Ann City** en enkele andere in Orchard Road, is uitgesproken luxueus, om niet te zeggen protserig — met navenante prijzen. In de eenvoudiger centra wordt veel minder de nadruk gelegd op uiterlijk vertoon; hier leggen de ondernemers zich toe op hun vak: spullen verkopen.

Straatmarkten zijn in Singapore minder prominent aanwezig dan in veel andere Zuidoost-Aziatische steden, maar vooral in de drie tot vier weken voor de belangrijkste jaarlijkse feesten trekken de bewoners van Singapore in grote aantallen naar de **avondmarkten (Pasar Malam)** in Chinatown, Little India en Geylang Serai — die overigens ook erg geliefd zijn bij toeristen. Andere populaire markten zijn de permanente **Chinatown Night and Food Market** (eten, drinken en souvenirs) en de avondmarkt van **Bugis Village** aan North Bridge Road, tegenover winkelcentrum Parco Bugis Junction, die eveneens het hele jaar wordt gehouden.

Op koopjesjacht: vaste prijzen of onderhandelen?

Zelfs bij een gunstige wisselkoers van de euro geldt Singapore al lang niet meer als een spotgoedkoop winkelparadijs. Wie echter de tijd neemt om een beetje rond te kijken en advies te vragen, of het kan opbrengen om zich in de drukte van een uitverkoop te storten, kan in Singapore nog steeds echte koopjes op de kop tikken. De uitverkoop van warenhuizen en grotere winkels wordt aangekondigd in de kranten, o.a. de *Straits Times.*

Op markten en in kleine winkeltjes,

waar de prijs van de koopwaar niet staat aangegeven, kunt u proberen af te dingen *(to bargain* of *to haggle)*. Vraag naar de *best price* – maar alleen als u het artikel echt wilt kopen. Vakkundig advies (b.v. bij elektronische apparatuur) hoeft u hier echter niet te verwachten.

Het is aan te raden om eerst een kijkje te nemen in een warenhuis of een speciaalzaak om een indruk te krijgen van de in Singapore gebruikelijke prijzen. Let erop of camera's en elektrische apparatuur een wereldwijde garantie *(world wide warranty* of *international warranty)* hebben.

Openingstijden

De meeste winkels zijn elke dag tussen 10–21 uur geopend. Aangezien de openingstijden niet wettelijk zijn voorgeschreven, kan elke winkelier zijn eigen tijden bepalen – en zijn zaak al naar de omstandigheden vroeger of later openen of sluiten.

Enkele winkelwijken

Winkelen kan in Singapore letterlijk overal. Niettemin zijn er enkele specifieke straten en wijken die eruit springen. De beste **winkelgebieden** van Singapore zijn:

Orchard Road is synoniem met winkelen (zie Extra-route 1, blz. 108); de grootste concentratie winkels met luxueuze internationale merkartikelen is hier te vinden, maar daarnaast zijn er ook talloze winkels in het middensegment en enkele uitgesproken koopjesparadijzen.

In de omgeving van **Bras Basah** en **Marina** zijn alle winkelcentra met elkaar verbonden: de ondergrondse winkelpassage CityLink loopt tussen het Raffles City Shopping Centre boven de MRT City Hall, Marina Square en de

Suntec City Mall, terwijl van de beide laatstgenoemde winkelcentra weer alleen voor voetgangers toegankelijke routes verder lopen naar de Millenia Walk. In dit gebied is iets te vinden voor elke smaak en in alle mogelijke prijsklassen.

Parco Bugis Junction vlak bij de MRT Bugis maakt een nogal tweeslachtige indruk: hier is boven een huizenblok met historische winkelpanden een glazen dak gebouwd, zodat het geheel kon worden voorzien van airconditioning.

In **Chinatown** is alles te vinden: er zijn enorme winkelcentra als het People's Park Complex – een wereld op zich met een *wet market* (vlees-, vis- en groentemarkt), fruitstalletjes, *food courts* en ontelbaar veel winkeltjes en dienstverlenende bedrijfjes als kappers en geldwisselaars – maar u kunt er ook terecht op een avondmarkt met honderden kraampjes in Pagoda Street, Trengganu Street en Sago Street, evenals in tal van winkelstraten, zoals Mosque Street en Club Street.

Little India betekent rondslenteren in de Tekka Mall en Little India Arcade, de winkels van Serangoon Road en als hoogtepunt het Mustafa Centre, het

Great Singapore Sale

In de zes weken durende uitverkoop van eind mei tot half juli verlagen de warenhuizen en boetieks, vooral die in Orchard Road, hun prijzen met soms wel 70 procent. Vooral voor kleding en accessoires loont het om in die tijd een tussenstop in Singapore te plannen en op koopjesjacht te gaan. Inlichtingen: www.greatsingaporesale.com.sg

Winkelen

24 uur per dag geopende 'winkelcentrum van de superlatieven'.

Holland Village is vanwege zijn dorpse sfeer ideaal voor een ontspannen ochtend, middag of avond. Rondneuzen tussen kunstnijverheid, souvenirs en goedkoop textiel is hier uitstekend te combineren met lekker eten en uitgaan.

Kunst en antiek

Ten westen van **Orchard Road** vindt u een aantal winkels waar Aziatisch antiek, meubels, tapijten, keramiek, oude landkaarten en oude boeken te koop zijn. Het bekendste adres is het **Tanglin Shopping Centre** in Tanglin Road, maar ook in de aangrenzende **Tudor Court** en in de **Tanglin Mall** zijn enkele goede winkels gevestigd. Als u toch in de buurt bent, loont het ook de moeite een kijkje te nemen in **Dempsey Road** bij de Botanic Gardens (15 min. lopen of neem een taxi), bijv. bij **Yesterdays Antiques and Curios**, #01–05 Tanglin Warehouse, Block 13, Dempsey Road.

In **Chinatown** vindt u in Mosque Street en Pagoda Street eveneens enkele interessante antiekwinkels.

Tanglin Shopping Centre (buiten de kaart)
19 Tanglin Road
MRT Orchard, dan ca. 10 min. lopen
Ook als u niet van plan bent om iets te kopen is het de moeite waard om een kijkje te nemen in dit winkelcentrum, waar een haast verstilde sfeer hangt en de indirect verlichte etalages eerder aan een museum dan aan een winkelcentrum doen denken. Sinds jaar en dag verkopen hier gevestigde antiquairs bijzonder mooi, maar ook heel duur antiek en andere kunstvoorwerpen uit heel Azië. Twee namen van goede antiquairs: **Li Bai Antiques** op de 2e verdieping (#2-15) en **Tatiana Primitive Art** op de 3e verdieping (#3-29).

Boeken, muziek en films

In Singapore kosten cd's S$ 20–28, wat betekent dat ze maar een beetje goedkoper zijn dan in Nederland en België.

Borders (A 5)
#01–01 Wheelock Place
hoek Orchard Road en Paterson Road
MRT Orchard
Deze vestiging van een Amerikaanse keten neemt een groot deel van de begane grond van een luxueus winkelcentrum in beslag. De boekenafdeling is enorm groot, evenals de keuze aan cd's en dvd's. De klanten wordt ruimschoots de tijd gegund om rond te neuzen en cd's te beluisteren.

HMV (B 6)
#01–01 The Heeren
260 Orchard Road
dag. 12.30–21.45 uur
MRT Somerset
De grootste cd- en dvd-winkel van Singapore neemt drie verdiepingen in beslag. Er is een enorme keus, van klassiek tot pop.

Kinokuniya (B 6)
#03–10/15 Ngee Ann City Tower B
Takashimaya Shopping Centre
391 Orchard Road
zo.-vr. 10–21.30, za. 10–22 uur
MRT Orchard
Dit is de grootste boekhandel van Zuidoost-Azië, met meer dan 500.000

Tax-free winkelen

Op de meeste goederen en diensten wordt in Singapore omzetbelasting (*Goods and Services Tax*; afgekort *GST*) van 5 procent geheven. Buitenlandse bezoekers hebben recht op teruggaaf als ze in een winkel met een 'Tax Free'-sticker goederen ter waarde van minstens S$ 100 hebben gekocht en Singapore binnen twee maanden via Changi Airport verlaten. Twee agentschappen wikkelen de teruggaaf af: Global Refund en Premier Tax Free. Laat door de winkel een *GST Refund Claim Form* invullen, dat u op het vliegveld samen met uw paspoort en de gekochte artikelen bij de douane laat zien. Vervolgens kunt u bij de balies van bovengenoemde agentschappen (meteen naast de douane) de GST terugkrijgen. Er zijn verschillende mogelijkheden: contant, overgeschreven op uw creditcard of bankrekening, of met een cheque die naar uw huisadres wordt gestuurd.

titels, vooral in het Engels, maar ook in het Japans, Frans en Duits. De vestiging in Bugis is dag. 10.30–22 uur geopend: #03–12 Parco Bugis Junction.

MPH Bookstores (E 7)

In de kelder van Raffles City
252 North Bridge Road
dag. 10.30–22 uur
MRT City Hall
Een vrij kleine plaatselijke keten van boekhandels. Goed assortiment; o.a. fotoboeken over Singapore en aangrenzende landen.

Select Books (buiten de kaart)

#03–15 Tanglin Shopping Centre
19 Tanglin Road
www.selectbooks.com.sg
MRT Orchard en ca. 10 min. lopen
Het adres voor iedereen die meer over Zuidoost-Azië wil weten. Duizenden publicaties (in het Engels) over tal van onderwerpen, van architectuur, geschiedenis, politiek en maatschappij tot belletrie.

Times The Bookshop (B/C 6)

#04–08/16 Centrepoint Shopping Centre

176 Orchard Road
dag. 10–21 uur
MRT Somerset
Dit is de grootste boekhandel van Singapore, met een uitgebreid assortiment, van populair-wetenschappelijke werken tot belletrie. Er zijn ook vestigingen in o.a. de Plaza Singapura (MRT Dhoby Ghaut) en Marina Square (MRT City Hall).

Chinese producten

Eu Yan Sang Medical Hall (D 9)

269–271 South Bridge Road
ma.-za. 9–18 uur
MRT Chinatown
De oudste en bekendste Chinese *medical hall* in Chinatown is onlangs gemoderniseerd en lijkt op het eerste gezicht een moderne westerse apotheek, maar er worden nog altijd traditionele kruiden- en wortelpreparaten, allerlei soorten thee, versterkende aftreksels en andere traditionele geneesmiddelen verkocht. Bij de meeste kan men een gebruiksaanwijzing in het Engels krijgen en het personeel zal u graag adviseren.

Winkelen

Yue Hwa Chinese Products (C 9)

70 Eu Tong Sen Street
dag. 10–20 uur
MRT Chinatown

Dit warenhuis van vijf verdiepingen verkoopt alles wat ook maar enigszins met China te maken heeft: *cheongsam* en andere traditionele kleding, kunstnijverheid, muziekinstrumenten, porselein, jade, kwalitatief goede sieraden, antiek en in de levensmiddelenafdeling ook traditionele medicijnen.

Elektronica, computers en camera's

Cathay Photo (F 8)

#01–215 Marina Square
dag. 10–21 uur
MRT City Hall

Een al lang bestaande, zeer betrouwbare fotozaak, waar u goed advies krijgt. Er kunnen ook foto's van een memory card of memory stick op cd of dvd worden gebrand. Er is bovendien een vestiging op #01–07 Peninsula Plaza, 111 North Bridge Road (zelfde MRT-station).

Courts (C 6)

03–43 Centrepoint Shopping Centre
dag. 10–20 uur
MRT Somerset

In het winkelcentrum Centrepoint vindt u de grootste concentratie van speciaalzaken voor IT en elektronica van Singapore.

Funan DigitaLife Mall (E 8)

109 North Bridge Road
dag. 10.30–20 uur
MRT City Hall

Een kruidenwinkel met ingrediënten voor de Chinese keuken

Dit winkelcentrum is gespecialiseerd in digitale camera's, MP3-spelers, spelcomputers, gewone computers en toebehoren, printers en nog veel meer – voor een overzicht van het aanbod is de IT-supermarkt *Challenger* op de 6e verdieping een goed adres.

Sim Lim Square (E 6)
1 Rochor Canal Road
dag. 11–20 uur
MRT Bugis of Little India
Hier zijn tal van kleine winkeltjes gevestigd die camera's, camcorders, mobiele telefoons, MP3-spelers en andere consumentenelektronica verkopen. De verkopers verwachten dat de klanten afdingen. Let erop dat het apparaat een *international warranty* (internationale garantie) heeft, dat alles naar behoren functioneert, en dat de verpakking alles bevat wat erin hoort te zitten.

Geschenken en souvenirs

Handicraft Centre
Chinatown Point
133 New Bridge Road, Chinatown
dag. 10–22 uur
MRT Chinatown
De over vier verdiepingen verspreide winkels verkopen zijde, schilderijen en kalligrafie, antiek, stempels, keramiek en porselein, sieraden, vazen en kleine figuren – bijna alles is authentiek Chinees, maar niet alles is (in westerse ogen) even smaakvol.

Lim's Arts and Living (buiten de kaart)
#02–01 Holland Village Shopping Centre
211 Holland Avenue, Holland Village
dag. 10–20.30 uur

MRT Orchard, dan bus 7 vanaf Grange Road
Generaties *expats* hebben hier al hun Zuidoost-Aziatische meubels, lampen en decoratieve voorwerpen gekocht. De winkel is bovendien een ware schatkamer voor kleine souvenirs. Mocht u er onverhoopt toch niet slagen, neem dan een kijkje bij de ernaast gelegen textielwinkel of de winkels langs Lorong Mambong en Lorong Liput (om de hoek).

Museum Shop By Banyan Tree
– Asian Civilisations Museum (E 8)
1 Empress Place
MRT Raffles Place of City
– Singapore Art Museum (E 7)
Bras Basah Road
MRT Raffles City
ma. 13–19, di.-do., za. en zo. 9–19 uur, vr. tot 21 uur
De winkels van de twee grote musea hebben een grote keus aan smaakvolle, maar vrij dure geschenken, b.v. boekenleggers, briefpapier, mandjes, aardewerken kommetjes en sieraden, veelal geïnspireerd op de tentoongestelde

Snelle hulp bij bedrog

Toeristen die het slachtoffer zijn geworden van oneerlijke handelspraktijken kunnen zich tot het **Small Claims Tribunal** wenden (5e verdieping van Apollo Centre; 2 Havelock Road, tel. 64 35 59 37, fax 64 35 59 94, www. smallclaims.gov.sg). Voor het luttele bedrag van S$ 10 worden klachten zo snel mogelijk behandeld, vaak zelfs al binnen een dag.

Winkelen

Shopping Centre Ngee Ann City, een luxueus warenhuis

voorwerpen in het museum of versierd met kalligrafie of geschilderde afbeeldingen.

Rumah Bebe (buiten de kaart)
113 East Coast Road, Katong
di.-zo. 9.30–18.30 uur
MRT Dhoby Ghaut of City Hall, dan bus 14 richting Bedok North vanaf Orchard Road of Bras Basah
In dit winkeltje midden in Katong is prachtige peranakan-kunstnijverheid te koop, o.a. handbestikte schoenen en *kebayas* (het bovenste deel van de traditionele *sarong kebaya*-kleding). Er zijn elke dag demonstraties van de vervaardiging van traditioneel borduurwerk met glazen kralen.

Warenhuizen

Isetan Scotts (A 5)
Shaw House
350 Orchard Road / hoek Scotts Road
MRT Orchard
Japans middenklasse-warenhuis met uitgebreid assortiment en in de kelder een levensmiddelen-supermarkt. Er zijn nog drie filialen in Singapore. Merkkleding is te koop bij Isetan Orchard, in het schuin ertegenover gelegen Wisma Atria Shopping Centre.

Hoogtepunt

Mustafa Centre (F 4/5)
145 Syed Alwi Road (zijstraat van Serangoon Road)
24 uur per dag geopend
MRT Little India
Het winkelcentrum voor iedereen die er maar niet genoeg van kan krijgen: het is 24 uur per dag open, letterlijk alles wat u maar kunt bedenken is er te koop, en de prijzen zijn ook nog eens ongelooflijk laag. Wie wel wil zien wat Singapore op het gebied van winkelen te bieden heeft, maar daar geen dagen voor wil uittrekken, is hier op het juiste adres. Een zeer onvolledige opsomming: horloges, camera's, computerbenodigdheden, cosmetica, parfums, artikelen van leer, koffers, huishoudelijke artikelen, sportartikelen en -kleding, dames-, heren- en kinderkleding, kleurige stoffen, en natuurlijk ook sari's en zware gouden kettingen – dit is tenslotte Little India. Daarnaast vindt u er nog een supermarkt, een reisbureau, wisselkantoren en een hotel.

OG People's Park (C 9)
100 Upper Cross Street
MRT Chinatown
Goedkoop warenhuis met een enorm grote keuze; er zijn filialen in het Orchard Point Centre, 160 Orchard Road (MRT Somerset) en het Albert Centre, Albert Road (MRT Bugis).

Takashimaya (B 6)
Ngee Ann City
391 Orchard Road
MRT Orchard
Laat u niet afschrikken door de prijzen: de meeste bezoekers komen hier om zich te verbazen en niet om iets te kopen. Dit luxueuze Japanse warenhuis moet men gezien hebben.

Tangs (B 5)
320 Orchard Road / hoek Scotts Road
MRT Orchard
Dit al vele jaren bestaande warenhuis richt zich vooral op de middenklasse van Singapore. Veel merkkleding en een enorm grote keuze aan cosmetica.

Voor kinderen

Forum The Shopping Mall (A 5)
583 Orchard Road
www.forumtheshoppingmall.sg
MRT Orchard
De grootste winkel in dit hoofdzakelijk op kinderen gerichte winkelcentrum is

Winkelen

het Amerikaanse speelgoedwarenhuis **Toys R Us**; andere verkopen baby- en kinderkleding, kinderboeken, speelgoed dat een beroep doet op de intelligentie (educational toys) en dergelijke.

Levensmiddelen

Cold Storage (C 6)
In de kelder van de Centrepoint Shopping Centre
176 Orchard Road
ma.-do. 9–22 uur , vr.-zo. tot 22.30 uur
MRT Somerset
Goed gesorteerde supermarkt met een ruime keus aan westerse levensmiddelen, zoals melk, yoghurt, kaas en allerlei soorten broodbeleg. Tal van filialen, o.a. bij Takashimaya (Ngee Ann City), in China Square aan Cross Street in Chinatown en bij Parco Bugis Junction.

Markten en vlooienmarkten

Bugis Village (E/F 6)
Tegenover Parco Bugis Junction
MRT Bugis
dag. 18–24 uur
T-shirts, horloges, handtasjes, ochtendjassen en nog duizenden andere spullen. De avondmarkt is weliswaar een toeristenval, maar niettemin leuk om rond te lopen. En als u toch wat koopt: afdingen is hier de regel.

Clarke Quay Sunday Flea Market (D 8)
Trader's Market, Clarke Quay
zo. 9–17 uur
MRT Clarke Quay
Ongeveer 45 kraampjes verkopen souvenirs en de meest uiteenlopende nuttige en nutteloze zaken.

China Square Sunday Flea Market (D 9)
China Square, Cross Street, Chinatown
zo. 9–17 uur
MRT Chinatown
Allerlei kunstnijverheid, accessoires en meubels.

Far East Square Weekend Flea Market (D 9)
Far East Square, Cross Street, Chinatown
za. en zo. 10–22 uur
MRT Chinatown
Hier kunt u terecht voor tweedehands kleding, speelgoed, cd's en meubels.

Tanglin Mall 2nd Hand Fashion Bazaar (buiten de kaart)
Tanglin Mall, Tanglin Road
elke 2e en 3e za. van de maand
17–23 uur
MRT Orchard en ca. 10 min. lopen
Als u in de stad bent in de periode dat de grote modeshows worden gehouden is het zeker de moeite waard om hier een kijkje te nemen – met enig geluk tikt u er zelfs goede en goedkope merkkleding op de kop.

Mode en merkkleding

Alles wat in de internationale modewereld ook maar enige naam heeft, is in Singapore met minstens één boetiek vertegenwoordigd – om slechts enkele namen te noemen: Armani, Calvin Klein, Gucci, Hugo Boss, Issey Miyake, Moschino, Prada, Vera Wang en Versace.
Net als de juweliers zijn ook de meeste luxeueuze modewinkels te vinden in de shopping malls van Orchard Road: **Ngee Ann City**, **The Paragon**, **Palais**

Renaissance en **Hilton Shopping Gallery**. Voor wie alleen etalages wil kijken is het een belevenis om hier rond te lopen, maar als u ook van plan bent om inkopen te doen kunt u beter tijdens de Great Singapore Sale terecht in een warenhuis als Tangs of Isetan Wisma Atria – voor merkartikelen kunnen de besparingen enorm groot zijn.

Comme des Garçons Guerilla Store +65 (buiten de kaart)

Blk 113 #01–540 Bukit Merah View
MRT Redhill

Van de Guerilla Store van het Japanse designlabel is bekend dat deze voor zijn vestigingen ongebruikelijke plaatsen uitzoekt en geen gebruik maakt van uithangborden of reclame. Dit is de eerste luxueuze modeboetiek in een HDB-woonblok (sociale woningbouw) in een voorstad. De winkel betrok deze locatie in juli 2006.

Mango (F 7)

#01–157 Suntec City Mall
3 Temasek Boulevard
MRT City Hall

Spaanse keten voor damesmode. Voor iedereen is hier wel wat te vinden, van zakelijke kleding voor op kantoor tot vrijetijdskleding en sexy partyniemendalletjes.

Sieraden en horloges

Alle internationaal bekende merken op het gebied van sieraden en horloges zijn in Singapore vertegenwoordigd, van Bulgari en Cartier tot Rolex en Tiffany. Ze zijn bijna allemaal te vinden in drie luxueuze winkelcentra aan Orchard Road: **Ngee Ann City**, **Paragon** en **Hilton Shopping Gallery**.
Aan de andere kant van het segment

verkopen kraampjes, o.a. op de avondmarkten in Bugis Village en Chinatown, spotgoedkope 'namaak' (exacte kopieën zijn verboden) van bekende merkhorloges.
In Chinatown en Little India vindt u bovendien talrijke juwelierszaken met sieraden van massief goud; de ontwerpen zijn geheel toegesneden op de Chinese of Indiase smaak.

All Watches (B 5/6)

#01–42 Wisma Atria
435 Orchard Road
MRT Orchard

Bij deze betrouwbare winkelketen worden meer dan dertig horlogemerken verkocht.

Lee Hwa Jewellery (E/F 6)

#01–23 Bugis Junction
MRT Bugis

Een bekende plaatselijke keten van juwelierswinkels met een goede reputatie. Het ontwerp van de sieraden is ook op de westerse smaak toegesneden en de prijzen zijn heel redelijk.

Brillen en contactlenzen

Capitol Optical (E 7)

#03–08 Raffles City
ma.-za. 9–18 uur
MRT City Hall

Brillen en contactlenzen zijn in Singapore aanzienlijk goedkoper dan in Europa. Bij alle opticiens kunt u uw ogen laten meten en een bril of contactlenzen kopen – ze zijn binnen één tot twee dagen klaar, soms zelfs in één middag. Capitol Optical is met 18 vestigingen de grootste opticienketen van Singapore en heeft vestigingen in o.a. B #1–17 Forum The Shopping Mall en #01–77 Lucky Plaza – allebei MRT Orchard.

Uitgaan

De toegang tot een disco in Singapore

Het uitgaansleven van Singapore wordt tegenwoordig beschouwd als het veelzijdigste en levendigste van heel Zuidoost-Azië.

De verschillen tussen restaurants, pubs, bars en clubs zijn in Singapore tamelijk vaag. **Pubs** in Engelse of Ierse stijl bestaan hier al lang; daar zijn **cafés** in Duitse (eigenlijk Beierse) stijl bijgekomen, evenals Belgische **brasseries** en zogenaamde **microbreweries** – grote bierhallen met een eigen brouwerij. Een **bar** kan van alles zijn: een klein, rustig wijncafé in een zijstraatje in Chinatown waar ook een paar snacks worden geserveerd, een chique cocktailbar in een luxueus hotel, of een club – een dancing met live band of dj's. **Karaoke-bars** (of karaoke lounges) zijn vooral geliefd bij de mannelijke bevolking van Singapore, hoewel trendy jongeren ze nogal *uncool* vinden.

Alles heeft zijn prijs

– en zeker in het uitgaansleven: op alcohol wordt in Singapore een hoge belasting geheven. Een glas bier kost S$ 8–11, in veel bars en clubs nog meer. Bewoners van Singapore die met een groep uitgaan, bestellen daarom graag bier in een karaf *(a jug of beer)*. Veel bars en cafés lokken klanten met een 'happy hour', waarin alle of sommige dranken soms tot de helft goedkoper zijn.

Wie alleen een paar biertjes wil drinken en zich niet stoort aan plastic meubilair en neonverlichting is in een *kopi tiam* of *food centre* aanzienlijk goedkoper uit (een fles kost ca. S$ 6–8); bovendien kan men er eenvoudig, maar goed eten en de authentieke sfeer van Singapore op zich laten inwerken.

De uitgaanswijk

In **Orchard Road** kan winkelen uitstekend worden gecombineerd met uitgaan. De grootste concentratie cafés, bars en restaurants is te vinden bij **Peranakan Place/Emerald Hill** (zie tip blz. 67). In alle luxueuze hotels en winkelcentra bij de kruising van **Scotts Road** en **Orchard Road** zijn goede bars en clubs gevestigd. Alleen de louche etablissementen in de Orchard Towers, wat verder aan Orchard Road, passen niet in het imago van een beschaafde uitgaansstad waar Singapore zich graag op beroemt.

De andere kant op (**Bras Basah**, **Marina** en de **regeringswijk**) liggen de bars een eindje verder uit elkaar; de meeste zijn gevestigd in winkelcentra of grote hotels. Een kleinere concentratie vindt men in de **Chijmes** in de buurt van de City Hall.

Vanwege de nabijheid van het Financial District is het in de restaurants aan **Boat Quay** ook rond het middaguur erg druk, maar dit gebied komt pas in de loop van de avond echt tot leven. Boat Quay heeft de reputatie gekregen de uitgaanswijk voor zuipschuiten te zijn, in tegenstelling tot de chiquere restaurant- en barwijk **Clarke Quay** verder stroomopwaarts. De populairste wijk voor de clubscene is sinds jaar en dag het gebied rond **Mohamed Sultan Road**, **Robertson Quay** en aan de overkant van de rivier **Jiak Kim Street**.

In **Holland Village**, verder buiten het stadscentrum, vindt u eveneens tal van cafés, bars en restaurants, van eenvoudig tot chique en van rustig tot oorverdovend lawaaiig.

Bars

Axis Bar and Lounge (F 8)
4e verdieping, Oriental Hotel
Raffles Boulevard
ma.-za. 10–1, zo. 10–24 uur
MRT City Hall
Het interieur van de bar is in de stijl van het hotel: luxueus, maar niet protserig. Vanaf 17 uur worden cocktails geserveerd, terwijl op de achtergrond zachte live muziek (jazz, soul, pop) klinkt. Ondertussen kunt u genieten van het uitzicht op Marina Bay.

Bar Opiume (E 8)
Empress Place (Asian Civilisations Museum)
zo.-do. 17–2, vr. en za. tot 3 uur
happy hour 17–19 uur
MRT Raffles Place
Het succesvolle concept van deze Indo-Chinese keten wordt gekenmerkt door een chic interieur met moderne Chinese elementen en meestal iets aparts – in dit geval het terras met een prachtig uitzicht op de rivier en de wolkenkrabbers van het Financial District (zie foto blz. 28). Een band speelt 's avonds easy jazz. Deze bar is een trefpunt van Singaporese zakenlieden.

Bar Sa Vanh (D 9)
49 Club Street, Chinatown
zo.-do. 17–2, vr. en za. tot 3 uur
happy hour 17– 19 uur
MRT Chinatown
Zo stelt men zich een opiumkit voor waarvan er in deze straat tot een jaar of veertig geleden vele waren: smalle vertrekken, schemerige verlichting, zachte sofa's en 'opiumbedden' om achterover te leunen. De bar is versierd met boeddhabeelden en Oost-Aziatisch antiek. Water klatert in een koi-vijver en op de achtergrond klinken ambient-soundtracks.

Kroeglopen in Peranakan Place en Emerald Hill Street

Het is gemakkelijk in deze kleine zijstraat van Orchard Road naast het Centrepoint Shopping Centre door te zakken: eerst een tijdje buiten zitten, bij **Rouge Outdoors** een hapje eten, voor het happy hour naar **Ice Cold Beer** schuin ertegenover, en dan een kijkje nemen bij de wijnbar **Que Pasa**. De smalle bar **Alleycat** ziet er ook heel spannend uit. Bij **Rouge** gooit de huisband ondertussen alle remmen los, en wie even bij wil komen kan terecht in de **Acid Bar** en achterovergeleund in een gemakkelijke stoel aan een cocktail nippen. En dat is maar één straatje in Singapore – over Clarke Quay of Mohamed Sultan Road hebben we het nog niet eens gehad.

Singapore sling en million dollar cocktail

Zowel de *Singapore sling* als de *million dollar cocktail* zijn in het begin van de 20e eeuw door de Chinese barkeeper Ngiam Tong Boon in het Raffles Hotel 'uitgevonden'. Somerset Maugham maakte in zijn *The Letter* melding van de *million dollar cocktail*, waarna de consumptie van dit drankje omhoog schoot. De *Singapore sling* was oorspronkelijk alleen voor dames bedoeld – vandaar de rozerode kleur van het drankje. De recepten van beide cocktails zijn in het Raffles Hotel verkrijgbaar – vraag ernaar in een van de bars.

Hoogtepunt

4

Bar & Billiard Room / Long Bar (E 7)

Raffles Hotel
1 Beach Road
dag. 11.30–1 uur
MRT City Hall

De grote bar vormde het toneel van het bekende incident met de tijger: in 1902 verscheen een ontsnapte tijger zich onder het biljart in de **Bar & Billiard Room**, waar hij vervolgens werd neergeschoten. De luxueuze bar bevindt zich echter niet meer op dezelfde plek als vroeger; bij de grote renovatie van het hotel in 1991 werd hij ergens anders geheel opnieuw ingericht. Hetzelfde geldt voor de **Long Bar** met zijn 13 m lange bar, waar de *Singapore sling* is 'uitgevonden'. Wie hier deze beroemde cocktail bestelt waant zich even terug in de koloniale tijd – een

ervaring die geen bezoeker van Singapore mag missen.

Insomnia Bar & Café (E 7)

#01–22 Chijmes
30 Victoria Street
dag. 18–5 uur
MRT City Hall

Een kleine bar, waar men ook goed kan eten. Het voormalige klooster Chijmes met zijn wandelgangen rond de binnenplaats is vooral 's avonds, als het door ontelbare lampjes wordt verlicht, een onvergetelijke ervaring. Andere goede cafés en bars in het complex zijn het Australische **Hog's Breath Café** en de Ierse pub **Father Flanagan's**.

Martini Bar at Mezza9 (B 5)

Grand Hyatt Hotel
Scotts Road
dag. 11–4 uur
MRT Orchard

De hemel op aarde voor liefhebbers van martini-cocktails, die hier in tientallen variaties worden gemixt. De sfeer is nonchalant-chique – James Bond zou zich hier meteen thuisvoelen.

New Asia Bar (E 7)

71e en 72e verdieping, Swissôtel
The Stamford, Bras Basah Road
zo.-wo. 15–1 uur, do.-za. 15–3 uur
cover charge vanaf 21 uur
MRT City Hall

Alleen al vanwege het overweldigende uitzicht is het de moeite waard om in deze bar wat te drinken. En mocht u op een gegeven moment het gevoel krijgen dat er ergens iets niet klopt dan hoeft dat niets te maken te hebben met uw alcoholconsumptie: de vloer is inderdaad scheef – zelfs maar liefst 20 procent. Vanaf 22 uur wordt de muziek verzorgd door dj's, vandaar de *cover charge*.

Post Bar (E 9)

The Fullerton Hotel
1 Fullerton Road
dag. 17–2 uur
MRT Raffles Place
Ontspannen bar in het voormalige hoofdpostkantoor, dat tot een luxueus hotel verbouwd is (vandaar de naam). Ideaal voor een slok aan het begin of het eind van de avond. Lekkere cocktails, op de achtergrond klinken ambient-tracks.

Brouwerijcafés, pubs

Archipelago Craft Beer Hub (D 8/9)

79 Circular Road
ma.-vr. 15–1, za. en zo. tot 2 uur
MRT Raffles Place
Deze in 2006 geopende 'microbrouwerij' haakt aan op een oude traditie: de in 1931 door Duitsers opgezette Archipelago Brewery was de eerste commerciële brouwerij in de Britse kroonkolonie Singapore. U kunt het uitstekende bier proeven in een kroegje in een straat achter Boat Quay.

Brewerkz (C/D 8)

30 Merchant Road
#01–05 Riverside Point
(tegenover Clarke Quay)
ma.-do. en zo. 12–24, vr. en za. tot 1 uur; happy hour 12–15 uur (spotgoedkoop), 15–18 uur (goedkoop) en 18–20 uur (gering prijsverschil)
MRT Clarke Quay
Ook dit is een brouwerij met bijbehorend café dat in Amerikaanse stijl is ingericht. Het grote vertrek is tamelijk rumoerig – misschien komt dat door het hoge plafond. U kunt ook buiten zitten, met uitzicht op de rivier en Clarke Quay.

Oosters (D 9)

25 Church Street
#01–04, Capital Square Three, Chinatown
ma.-vr. 12–24, za. vanaf 17 uur
MRT Chinatown
Een stukje België in Singapore – in deze in donkere kleuren gehouden brasserie kan men ongeveer dertig authentiek-Belgische bieren bestellen. Heel populair bij werknemers uit het Financial District.

Paulaner Brauhaus (F 7)

#01–01 Millenia Walk
9 Raffles Boulevard (achter het Pan Pacific Hotel)
restaurant ma.-vr. 12–14.30, dag. 18.30–22.30 uur; zo. Duitse brunch 11.30–14.30 uur; bar zo.-do.

Happy hour en housepours

De tijden voor het **happy hour** zijn in elke bar verschillend. Meestal duurt het *hour* veel langer dan een uur, en het valt over het algemeen ergens tussen 17 en 21 uur. In sommige gelegenheden duurt het de hele middag tot vroeg in de avond, of zijn er verschillende happy hour-periodes. Bier en andere drankjes kosten dan aanzienlijk minder – dikwijls slechts de helft. In een aantal bars kent men de 'one on one' (men betaalt de volle prijs voor een drankje en krijgt het tweede gratis).
In bijna alle bars wordt reclame gemaakt met de **housepour** – dit is een drankje van het huis (wijn, sterke drank) dat voor een laag bedrag per glas of per karaf kan worden besteld.

11.30–1, vr. en za. tot 2 uur
MRT City Hall
Sinds jaar en dag houdt deze dochter-
onderneming van een bierhal uit München de Beierse keuken en brouwkunst
in ere. Voor bier kunt u binnen in de
Gaststube of buiten op het terras terecht. In het restaurant op de tweede
verdieping worden *pork knuckles* (schen-
kel), witte worst, macaroni met kaas en
gebakken aardappelen opgediend.

The Penny Black (E 9)
27 Boat Quay
www.pennyblack.com.sg
MRT Raffles Place
Naast talrijke Engelse bieren is in deze
Britse pub ook Kilkenny en cider te krijgen. Bovendien is er een goede wijn-

kaart. Buiten aan het water en op de
eerste verdieping kan ook worden gegeten, bijvoorbeeld *fish & chips*.

Comedy & variété

Crazy Horse Paris (D 8)
#01–01 Clarke Quay, 3 B River Valley
Road
tel. 63 36 18 00
www.crazyhorseparis.com.sg
MRT Clarke Quay
shows di.-do. 19 en 22 uur, vr. en za.
ook om 0.30 uur; vanaf S\$ 85, diner
met show voor een aanzienlijk bedrag
extra.
Sommigen vinden het niet meer dan
een ordinaire striptease, anderen be-

De verlichte Boat Quay met de gerenoveerde oude pakhuizen is een romantische uitgaanswijk

Live muziek

Crazy Elephant (D 8)
#01–04 Clarke Quay, 3 E River Valley Rd
www.crazyelephant.com
zo.-do. 17–2, vr. en za. tot 3 uur
live-muziek vanaf 22 uur
happy hour 17–21 uur
MRT Clarke Quay
Dit is een trefpunt voor liefhebbers van live blues en rock. Het bier is goed, men kan er een hapje eten en er wordt geen toegang geheven. Sterren als Eric Burdon en Robbie Williams hebben hier *acte de présence* gegeven, niet alleen als gast, maar ook op het toneel.

Gashaus (E 6)
#01–00, 114 Middle Road
ma.-do. 9.30–1, vr. en za. tot 2 uur
happy hour 16–20 uur
MRT Bugis
Het Gashaus in een voormalig bankgebouw is café met biljart, cocktailbar, restaurant en muziekgelegenheid in één. Het muziekprogramma omvat zowel live optredens (gothic, underground) als parties met dj's. Zo af en toe worden er *gay & lesbian nights* georganiseerd.

Harry's @ Boat Quay (E 8/9)
28 Boat Quay
ma.-do. en zo. 11–1, vr. en za. tot 2 uur; happy hour dag. 11–21 uur
crazy hour 15–19 uur
MRT Raffles Place
Harry's Bar, gevestigd in een oud winkelpand, is vanwege de dagelijkse live muziek een begrip in Singapore. Er zijn verschillende vestigingen: **Harry's @**

schouwen het als een smaakvolle dansvoorstelling, maar hoe het ook zij: de 'L'Art du Nu-show' van het beroemde cabaret uit Parijs is in Singapore een grote hit. Naakt dansende Europese vrouwen – een paar jaar geleden was dit in Singapore nog ondenkbaar.

The 1Nite Stand Bar & Comedy Club (D 8)
#01–15 Clarke Quay, 3 A River Valley Road
ma.-do. 12–2, vr.-zo. 17–3 uur
shows ma.-do. 21.30, vr.-zo. 22 uur
MRT Clarke Quay
Hier geven *stand-up comedians* uit Singapore voorstellingen; er zijn ook gastoptredens door artiesten van elders.

Cover charge

De meeste muziekbars en clubs rekenen een *cover charge* van S$ 15–30 als entreegeld; één of twee drankjes zijn bij de prijs inbegrepen. Als men vroeg komt (b.v. voor 22 uur) is het bedrag vaak lager; vrouwen hoeven in veel gelegenheden helemaal niets te betalen. De hoogte van de *cover charge* hangt ook af van de dj's of de bands die er die avond optreden.

The Esplanade bij het culturele centrum (eveneens een jazzcafé) en **Harry's @ Orchard**, waar de huisband 'Tania' (een al lang bestaande band uit Singapore met een grote schare trouwe fans) oude hits en cabaretachtige nummers speelt. Wat verder buiten het centrum ligt **Harry's @ Holland Village**, heel ver erbuiten **Harry's @ Changi Village**.

Timbre Music Bar and Bistro (D/E 7)
45 Armenian Street
ma.-do. 15–1, vr. en za. tot 3 uur
MRT City Hall
Dit café in een tuin maakt deel uit van het Substation Arts Centre en is eveneens zeer aangenaam *low-key*. Men kan er een hapje eten, een paar biertjes drinken en naar live muziek luisteren – meestal rustige wereldmuziek en dergelijke.

Clubs

Attica en Attica Too (D 8)
#01–03 Blk. A, Clarke Quay
3 A River Valley Road

zo.-di. 17–2, wo.-za. tot 4 uur
happy hour dag. 17–21 uur
MRT Clarke Quay
Populair ontmoetingspunt van echte en would-be fotomodellen, mensen uit de reclame- en mediawereld en *expats*. Attica heeft een intieme ambiance, Attica Too daarentegen is futuristisch ingericht.

Bar None (B 5)
In de kelder van het Singapore Marriott Hotel
320 Orchard Road
wo.-zo. 16–6 uur
in het weekeinde *cover charge*
MRT Orchard
De huisband 'Energy' brengt de stemming erin met hits uit de jaren zeventig tot nu. Ontspannen sfeer en een wat ouder, gemengd publiek. Een verdieping hoger vindt u de **Living Room**, met een open haard en een lange bar, waar de klanten even rustig kunnen zitten.

Barbaablackchic (BBBC) @ Perak Road (E 5)
Perak Road, Little India
ma.-di., do. en zo. 18–24 uur, vr. tot 3, za. tot 4 uur
MRT Little India
Een eindje buiten de platgetreden paden van de clubscene. Het interieur is minimalistisch gehouden, met betegelde muren en betonnen trappen. Op de benedenverdieping dreunt trance, in de chill-out-zone op de eerste verdieping kan men wegzakken in een sofa en daar wordt lounge gedraaid.

Butter Factory (B 8)
#01–03 Riverside
48 Robertson Quay
di.-za. vanaf 17 uur, di. tot 1, wo.-vr. tot 3 en za. tot 4 uur
MRT Clarke Quay, dan 10 min. lopen

Een kleine, trendy club op de hoek van Mohamed Sultan Road. De stijlen die hier gedraaid worden zijn eerder R&B en hip-hop dan house, trance en dergelijke.

MOS – Ministry of Sound (D 8)

Block C, The Cannery
River Valley Road
www.ministryofsound.com.sg
wo.-za. 21–4 uur
MRT Clarke Quay
Een imitatie van de bekende Londense club. In een grote hal zijn vier clubs gevestigd: **54** staat voor disco in de stijl van de jaren zeventig, **Smoove** voor R&B en hip-hop, **Pure** voor down tempo house en de **Main Room** voor hardcore funk.

Zouk Club (B 8)

17 Ziak Kim Street (zijstraat Kim Seng Road; tegenover Robertson Quay)
wo., vr.-za. 9–4 uur
happy hour vr.-za. 23–24 uur
cover charge S$ 15–28
MRT Clarke Quay en ca. 15 min. lopen; u kunt beter een taxi nemen
In een uitgestrekte opslagloods zijn drie clubs ondergebracht: **Phuture**, **Velvet Underground** en **Zouk**. Volgens het Singaporese publiek is Zouk al vele jaren verreweg de beste club van de dance-scene van de stad, waar bovendien de prijs-kwaliteitsverhouding het beste is. **Zouk Out**, de door de club georganiseerde strandparty (half december op Siloso Beach op Sentosa Island), is elk jaar weer een happening.

Gay & Lesbian

Gashaus (zie blz. 71)

Muziekcafé voor homo's en lesbiënnes in de wijk Bugis. Dikwijls *gay & lesbian nights*.

Cows and Coolies (D 9)

30 Mosque Street, Chinatown
ma.-za. 18 uur tot laat
MRT Chinatown
Dit rustige café met biljarttafels is het domein van de lesbo-scene. In de weekenden is het hier stampvol.

Happy / Mox (C/D 10)

21 Tanjong Pagar Road, Tanjong Pagar
wo.-zo. 18–2 uur
MRT Tanjong Pagar
Twee populaire homoclubs onder één dak. Happy heeft een grote dansvloer; bij Mox, een verdieping hoger, kan men op het balkon relaxen. Lesbiënnes zijn welkom.

De homoscene van Singapore

Chinatown en Tanjong Pagar zijn voor gays en lesbiënnes het populairste uitgaansgebied van Singapore. Hier bevinden zich talrijke restaurants, kroegjes en muziekcafés die weliswaar op een homoseksueel publiek zijn gericht, maar waar ook hetero's welkom zijn. Ook is er een aantal sauna's. Sinds enkele jaren laat de overheid van Singapore homoseksuelen weliswaar min of meer met rust, maar van wettelijke erkenning en bescherming is geen sprake. Homoseksuele handelingen (in de woorden van de wet 'acts of gross indecency') tussen mannen blijven ook na een wetswijziging van december 2006 strafbaar. Kijk voor meer informatie op: www.utopia-asia.com, www.plu.sg www.safesingapore.blogspot.com

Cultuur en amusement
Het Indiase Navarathiri Festival

Een veelzijdig aanbod

In Singapore is altijd wel wat te doen. In de eerste plaats zijn er de feestdagen van de verschillende etnische groeperingen en religieuze gemeenschappen: het christelijke Kerstmis, het Chinese nieuwjaar, het hindoeïstische Deepavali en het islamitische Hari Raya Puasa worden allemaal gevierd, soms met avond- of jaarmarkten, shows, dans en muziek, dikwijls met vuurwerk, en altijd met heel veel lekker eten.

Sinds ongeveer halverwege de jaren negentig heeft de overheid van Singapore voor het eerst sinds het bestaan van de stadstaat belangstelling getoond voor de bevordering van kunst en cultuur. Ook de vroeger bijzonder strenge censuur (zowel in politiek als moreel opzicht) is enigszins afgezwakt; in recente toneelstukken worden zelfs maatschappelijk hete hangijzers aangekaart en 'decadente' voorstellingen als de 'L'Art du Nu'-show van de Crazy Horse uit Parijs hadden nog maar een paar jaar geleden alleen in besloten clubs kunnen worden vertoond – als ze al niet helemaal verboden waren.

Het feit dat de regering de teugels een beetje heeft laten vieren heeft tot gevolg gehad dat kunst en cultuur in Singapore momenteel een ongekende bloeiperiode doormaken: er worden steeds meer festivals op het gebied van cultuur, muziek en kunst georganiseerd, waar kunstenaars van wereldfaam op afkomen – Singapore begint zich een reputatie te verwerven als *het* culturele middelpunt van Zuidoost-Azië.

Programmaoverzicht

Bezoekers worden weliswaar overladen met een stortvloed aan brochures, maar de daarin opgenomen informatie is erg selectief. Een echt stadsmagazine met een overzicht van alles wat er op het gebied van amusement te beleven valt kent Singapore niet. Het dichtst in de buurt komt het wekelijks verschijnende **I-S Magazine**, dat gratis klaarligt in trendy cafés, eethuisjes en bars, zoals het Dome Cafe, Starbucks, Coffee Bean and Tea Leaf en tcc.

Dezelfde uitgever (Asia City) publiceert het handige gratis tijdschrift **Singapore Where**, dat maandelijks verschijnt en tal van nuttige tips bevat. De evenementenkalender omvat korte omschrijvingen, data en tijden, adressen, telefoonnummers en de prijzen van tickets. Het Engelstalige dagblad **Straits Times** publiceert in haar magazine *Life!* dagelijks twee rubrieken van een halve pagina: **Life! Events** en **Life! Arts**. Op vrijdag zijn onder **Life! Events – What's up this weekend and the**

week ahead ongeveer twee bladzijden gewijd aan alle belangrijke culturele gebeurtenissen en andere voorstelllingen en evenementen in Singapore.
website: www.aziacity.com/sg

Voorverkoop

Afhankelijk van de voorstelling kost een kaartje tussen S$ 10 en S$ 40. Optredens van popsterren, orkesten en groepen uit het buitenland zijn aanzienlijk duurder.

Twee agentschappen verkopen kaarten voor culturele en sportieve evenementen; bij beide kan men per telefoon of internet met een creditcard betalen.
SISTIC: hotline 63 48 55 55
www.sistic.com.sg
Verkoopbalies in een aantal winkelcentra, o.a.

– **Wisma Atria**: eerste verdieping, Concierge, Orchard Road, hoek Paterson Road, MRT Orchard, ma.-za. 10–20, zon- en feestdagen 12–20 uur.
– **Plaza Singapura**: Customer Service Counter, kelder, 68 Orchard Road, MRT Dhoby Ghaut, ma.-za. 10–20, zon- en feestdagen 12–20 uur.
Ticket Charge: hotline 62 96 29 29
www.ticketcharge.com.sg
Er zijn ook tickets te koop bij de informatiebalies van enkele winkelcentra, in het centrum bij:
– **Centrepoint**: eerste verdieping, 176 Orchard Road, MRT Somerset, dag. 10–20 uur.
– **Tanglin Mall**: tweede verdieping, 163 Tanglin Road, MRT Orchard en dan 15 min. lopen, dag. 10–20 uur.

Feestdagen

De officiële feestdagen met een vaste datum zijn:
1 januari: Nieuwjaar

Kom op tijd!

Zorg ervoor dat u bij een bezoek aan een concert- of theaterzaal minstens 10 min. voor het begin van de voorstelling op uw plaats bent. Als een voorstelling begint (altijd op de minuut af op tijd) worden de deuren zonder pardon gesloten; wie te laat komt, wordt pas bij de eerste 'passend' geachte gelegenheid toegelaten – als u pech hebt, is dat de pauze!

1 mei: Dag van de Arbeid (Labour Day)
9 augustus: Nationale feestdag (National Day)
25 december: Kerstfeest
Daarnaast is er een aantal (meestal religieuze) feesten die elk jaar op een andere dag vallen: Chinees nieuwjaar, Goede Vrijdag, Pasen, Vesak Day, Hari Raya Puasa (eind van de ramadan), Deepavali en Hari Raya Haji.

Feesten en festivals

Februari

Chinees Nieuwjaar: in de weken voor de twee officiële feestdagen verdringen de kooplustigen zich in het feestelijk versierde Chinatown, maar de feestdagen zelf worden in de familiekring doorgebracht. In deze tijd is het moeilijk om op korte termijn een vliegticket te kopen; ook veel winkels, restaurants en kraampjes in de *food centres* zijn dan gesloten. De feestelijkheden strekken zich uit over 15 dagen. Hoogtepunten zijn **Singapore River Hongbao**, een kermis aan Marina Bay dicht bij het Esplanade Theatre, en de kleurrijke **Chingay Parade of Dreams** door Orchard Road, met leeuwen- en drakendansers, gemaskerde figuren op stelten en praalwagens.

Thaipusam: hindoeïstisch feest van de zelfkastijding. Na zich dagenlang te hebben voorbereid door ascetisch te leven, te vasten en te bidden vervullen mannelijke gelovigen hun gelofte aan de god Subramaniam. Ze steken metalen spiesen door hun wangen en tong; sommigen bevestigen haken aan hun bovenlichaam (*kavadi*). Vervolgens trekken ze in processie van de Sri Srinivasa Perumal-tempel in Little India naar de Chettiar-tempel in Tank Road. Vrouwen mogen ook deelnemen.

Maart

Singapore Fashion Festival: het grootste mode-evenement van Zuidoost-Azië wordt elk jaar van 1 maart tot 30 april gehouden; talrijke modeshows en party's.

M1 Singapore Fringe Festival: dit kleine, verfrissend niet-commerciële culturele festival is gewijd aan hedendaagse en experimentele voorstellingen (theater, dans, film, muziek en mixed media). Er zijn ook seminars en discussiebijeenkomsten; 14 dagen vanaf eind februari; www.singaporefringe.com.

April

Singapore International Film Festival: het festival is gewijd aan de Zuidoost-Aziatische filmkunst. Twee weken van half tot eind april.

Mei

Singapore Arts Festival: veel premières, gastoptredens en plaatselijke producties, vooral op het gebied van theater, ballet en danstheater. Tal van internationaal bekende artiesten maken hun opwachting.
www.singaporeartsfest.com

Vesak Day: een officiële feestdag, gewijd aan de geboortedag en verlichting van Boeddha. In boeddhistische tempels reciteren monniken gebeden en gelovigen laten vogels uit kooien vrij – symbool voor de bevrijding van gevangen zielen.

Juni

Great Singapore Sale: zes weken uitverkoop op het hele eiland. Eind mei tot half juli (zie blz. 57).

Juli

Singapore Food Festival: voor liefhebbers van lekker eten is dit een van de culinaire hoogtepunten van het jaar. Overal worden gerechten of volledige menu's met flinke kortingen aangeboden. Ook worden er kookcursussen gegeven en zogenaamde *food carnivals* (straatfeesten) gehouden.

Augustus

National Day: de nationale feestdag ter ere van de onafhankelijkheid (9 augustus) wordt gevierd met een grote militaire parade in het nationale stadion. 's Avonds is er een groot vuurwerk met lasershow aan Marina Bay.

Hungry Ghosts Festival ('feest van de hongerige geesten'): volgens de Chinese mythologie bezoeken in de zevende maand van de maankalender de geesten van de doden de aarde. Om

Variabele data

Boeddhistische, Chinese en islamitische feestdagen worden bepaald aan de hand van de maankalender. De data zijn dan ook variabel; ze verschuiven elk jaar ongeveer 10 dagen naar voren. Informatie over de exacte data is verkrijgbaar bij de Singapore Tourist Board.

Optocht van drakendansers tijdens het Chinese nieuwjaarsfeest

hen gunstig te stemmen worden Chinese opera's opgevoerd, wierookstokjes aangestoken, voedsel geofferd en papiergeld verbrand.

WOMAD Singapore: in het Fort Canning Park is wereldmuziek met bands en solisten uit alle werelddelen te horen en worden workshops georganiseerd. Laatste weekeinde in augustus; www.womadsingapore.com

September

Mid-Autumn Festival: bij volle maan op de 15e dag van de achtste maand van de Chinese maankalender schenken Chinezen elkaar ter herinnering aan het eind van de Mongoolse heerschappij in China zogenaamd maangebak: kleine zoete gebakjes met verschillende vullingen – traditionele als lotuszaden of moderne varianten met chocolade.

Oktober

Hari Raya Puasa: deze dag markeert het eind van de ramadan (islamitische vastentijd). In de weken ervoor wordt 's avonds in de feestelijk verlichte Kampong Glam, de kleine wijk rond de Sultanmoskee, een straatmarkt gehouden. Ook op de avondmarkt Geylang Serai en in de aangrenzende Joo Chiat Road is het ongelooflijk druk.

Nine Emperor Gods Festival: volgens een Chinese legende brengen de negen goden die ziekten kunnen genezen en kunnen zorgen voor een lang leven en geluk elk jaar negen dagen lang op aarde door. Het middelpunt van de feestelijkheden is de Kiu Ong Yiahtempel in Upper Serangoon Road in het noorden. Er zijn *wayang*-voorstellingen (Chinese opera) en op de negende dag is er een grote optocht.

Navarathiri (Navaratri): negen

77

Cultuur en amusement

Pracht en praal bij een Chinese opera

avonden met klassieke Indiase dans en muziek in de hindoetempels ter ere van Lakshmi (godin van de rijkdom), Durga (godin van de vernietiging en vernieuwing) en Saraswati (godin van de wijsheid).

Theemidhi (Timithi): hindoes demonstreren de kracht van hun geloof door ter ere van de godheid Draupadi over gloeiende kolen te lopen, o.a. in de Sri Mariamman-tempel.

November

Deepavali: op het hindoefestival van het licht (in India Diwali genoemd) vieren gelovigen de overwinning van het licht op de duisternis. Deze officiële feestdag wordt gevierd met gebeden,

religieuze ceremonies en familiebezoek met uitgebreid eten en drinken.

December

Kerstfeest: de feestelijk verlichte Orchard Road, inclusief het verlengde, Tanglin Road tot aan Marina Bay, vormt het middelpunt van de festiviteiten. Straatartiesten en musici treden voor of in de winkelcentra op; andere hoogtepunten zijn een optocht omstreeks half december en een groot concert op eerste kerstdag. Het Esplanade-culturele centrum is eveneens een middelpunt van de evenementen. Op oudejaarsavond worden de festiviteiten afgesloten met een groot vuurwerk boven Marina Bay.

Ballet, theater en concerten

Esplanade – Theatres on the Bay (E/F 8)
1 Esplanade Drive
tel. 68 28 83 77
www.esplanade.com
MRT City Hall
De grote concert- en theaterzaal onder de twee aangrenzende gewelfde daken ('The Durians'; zie blz. 110) worden gebruikt voor concerten, opera's, ballet- en theatervoorstellingen; het programma varieert van klassiek tot modern uit zowel Aziatische als westerse culturen. In de **Esplanade Mall** bevinden zich smaakvolle winkels en eethuisjes, van eenvoudig tot bijzonder luxueus.

Kallang Theatre (buiten de kaart)
1 Stadium Walk
tel. 63 45 84 88
www.nac.gov.sg
MRT Kallang

In het grote theater tegenover het Indoor Stadium worden vooral opera's, musicals en ballet opgevoerd.

Singapore Repertory Theatre (C 8)
DBS Arts Centre, 20 Merbau Road
tel. 67 33 81 66
www.srt.com.sg
MRT Clarke Qay, dan 10 min. lopen
Het gezelschap voert stukken op in het Engels en laat de Singaporezen zo kennismaken met de westerse theaterklassiekers. Ook worden er stukken van hedendaagse
Aziatische auteurs gespeeld.

The Arts House at The Old Parliament House (F 8)
1 Old Parliament Lane
tel. 63 32 69 00
www.theartshouse.com.sg
galerie ma.-vr. 10–20, za. 11–20 uur
toegang gratis
rondleiding door het gebouw dag. om 11 en 15 uur, 45 min., S$ 8
MRT Raffles Place of City Hall
Hedendaags theater, ballet en muziek,

Chinese opera (wayang)

Voor oningewijden is de Chinese opera (in Singapore dikwijls met het Maleise woord *wayang* aangeduid) tamelijk raadselachtig. De schitterende kostuums en kleurige maskers van de acteurs roepen bij de meeste Europese bezoekers aanvankelijk bewondering op, en ook de reacties van het Singaporese publiek zijn fascinerend om te zien. Het gezang en de muzikale begeleiding staan echter zo ver af van kunstvormen waaraan het westers gehoor is gewend dat de aandacht dikwijls al snel verflauwt. Wie meer te weten wil komen over Chinese opera kan een bezoek brengen aan de door het **Chinese Opera Teahouse** georganiseerde show **Sights and Sounds of Chinese Opera**. Deze vindt vr. en za. van 19 tot 21 uur plaats, incl. Chinees diner S$ 35. Of kom om 19.50 uur alleen voor de in het Engels gehouden inleiding (S$ 20 incl. thee). Na de voordracht wordt een deel van een Chinese opera met Engelse ondertiteling opgevoerd. 5 Smith Street, Chinatown (C/D 9); MRT Chinatown. Reserveren is aan te bevelen, tel. 63 23 48 62.

Cultuur en amusement

kunsttentoonstellingen, films van Aziatische cineasten en arthouse-films uit het Westen. In de gangen van het voormalige parlementsgebouw zijn drie interessante vaste tentoonstellingen ingericht. Tevens twee uitstekende restaurants, een café en een wodka-bar.

Singapore Indoor Stadium (buiten de kaart)

2 Stadium Walk
www.singaporeindoorstadium.com.sg
MRT Kallang
In de in 1989 geopende hal, die al van verre te herkennen is aan zijn spitse witte dak, worden grote evenementen gehouden, zoals sportwedstrijden, tentoonstellingen, beurzen, circus, opera en popconcerten.

The Substation (D/E 7)

45 Armenian Street
tel. 63 37 78 00
www.substation.org
MRT Dhoby Ghaut of City Hall
Het programma van dit onafhankelijke culturele centrum omvat experimenteel theater, voordrachten, concerten, tentoonstellingen, films, workshops en symposia. Het gezellige muziekcafé Timbre (zie blz. 72) hoort bij het complex.

Gratis concerten en shows

In het weekeinde biedt het culturele centrum 'On the Waterfront' 's avonds gratis concerten of andere opvoeringen aan de oeverpromenade en in het Outdoor Theatre. Ook elders in deze wijk zijn vaak gratis voorstellingen. Zie voor meer informatie www.esplanade.com of het gratis verkrijgbare programmablad *Esplanade Diary*.

Victoria Concert Hall en Victoria Theatre (E 8)

11 en 9 Empress Place
Tickets bij het agentschap
MRT Raffles Place
De eerste grote concert- en theaterzaal van Singapore wordt nog altijd gebruikt; het Singapore Symphony Orchestra (SSO) geeft hier dikwijls concerten.

Bioscopen

Kaartjes kosten S$ 7–10; in de *gold class* bij GV VivoCity (te vergelijken met de *business class* in een vliegtuig) S$ 25–30. Er kan ook telefonisch of per internet worden geboekt.

Cathay Cineplex (D 6)

Level 5 & 6 Cathay Building
Handy Road (vlak bij Orchard Road)
MRT Dhoby Ghaut
Cathay Movie Line 62 35 11 55
www.cathay.com.sg
Hier zijn de betere Engelstalige en Aziatische films te zien. Een andere vestiging van dezelfde keten in de buurt van MRT Somerset is Cineplex Cineleisure Orchard, 8 Grange Road.

Lido 8 Cineplex (A 5)

Level 5, Shaw House
350 Orchard Road, hoek Scotts Road
MRT Orchard
ticket-hotline: 67 38 05 55
http://shawonline.sbmedia.sg
Eveneens een Singaporese bioscoopketen met een lange traditie; vestigingen in Parco Bugis Junction en Beach Road. Mainstream-films uit de VS en Azië: veel actie, misdaadfilms, romantische komedies en dergelijke.

Singapore met kinderen

Aankomst
Op het super-efficiënte vliegveld van Singapore worden de passagiers snel en probleemloos door de douane geloodst. Als alles gaat zoals het hoort te gaan (en dat is vrijwel altijd het geval) kunt u al 45–60 min. na de landing in de taxi zitten, en nog eens 30–40 min. later in uw hotel – prettig voor iedereen die last heeft van een jetlag, en al helemaal fijn voor vermoeide kinderen.

Met kinderen in een hotel
Een **hotel** met een eigen zwembad is in het broeierig warme Singapore beslist geen overbodige luxe, en al helemaal niet als u ook kinderen bij u hebt. Sommige hotels zijn gezinsvriendelijker dan andere en berekenen geen extra kosten voor kinderen onder de 12 jaar, (als ze tenminste geen eigen bed nodig hebben), of bieden een kamer met meer bedden of een extra bed (roll away beds) tegen een kleine toeslag. Informeer hiernaar bij het boeken van een kamer.

Met kinderen uit eten
Buitenshuis eten is in Singapore geen probleem – ook Singaporese gezinnen eten graag en vaak met kinderen in een restaurant. Doe net als zij: in een food centre of koffiehuis wordt geen belang gehecht aan etiquette en onder de grote keus van gerechten is vast wel iets dat ook bij Europese kinderen in de smaak valt. Er zijn ook heerlijke, vers geperste vruchtensappen verkrijgbaar. En als ze toch met alle geweld pizza, patat en cola willen: een fastfoodrestaurant is nooit ver weg.
Een aanrader is **The Café** van de club The Legends in het **Fort Canning Park** (zie blz. 55, 99; ook voor niet-leden)

met westerse en Aziatische keuken, een kindermenu en een speelplaats.

Uitjes
Boottochten: vanaf Clarke Quay kunt u met een oude *bumboat* een rondvaart maken op de Singapore River en Marina Bay (zie blz. 27). Wie dat te tam vindt kan kiezen voor een avontuurlijke tocht op Marina Bay met een supersnelle jetboat vanaf Merlion Park (zie blz. 82), of met DUCKtours in een 'Duck' – een soort amfibievoertuig – een excursie maken door de stad en de haven. Vertrek vanaf Suntec City (zie blz. 27).
Musea: het Singapore Science Centre (zie blz. 98), een interactief natuurwetenschappelijk museum, is interessant voor zowel kinderen met belangstelling voor techniek als volwassenen.
Dierentuinen: de Singapore Zoo (zie blz. 101) en het Jurong Bird Park (zie blz. 100) behoren tot de beste dierentuinen van Azië. Bovendien zijn er vermakelijke en leerzame shows, waarbij dieren (onder andere olifanten) hun kunstjes laten zien. En als de avond is gevallen kunt u in de naast de dierentuin gelegen Night Safari (zie blz. 101) een indruk krijgen van een tropisch regenwoud bij maanlicht.
Pretparken: Wild Wild Wet voor pret in het water. Hiernaast ligt het alleen in het weekeinde geopende Escape Theme Park (zie blz. 85).
Sentosa Island (zie blz. 103) biedt op een klein oppervlak alles wat u zich maar kunt wensen voor een gezinsuitje: een magnifiek aquarium, een vlinder- en insectenpark, een film in het '4D'-theater, musea die zowel voor volwassenen als oudere kinderen interessant zijn, en niet te vergeten: lagunes met zandstranden.

Sport

Avontuur

G-Max Reverse Bungy (D 8)

3 E River Valley Road, Clarke Quay
(Coleman Bridge)
www.gmax.com.sg
sprong S$ 35; ma.-do. 15–1 uur, vr.
tot 3 uur, za. 12–3 uur, zo. 12–1 uur
MRT Clarke Quay
De G-Max is zelfs voor de grootste adrenalinejunk een onvergetelijke belevenis. Men moet plaatsnemen in een open capsule (max. 3 personen) en wordt vastgegespt, vervolgens schiet de capsule, die tussen twee torens aan bungyelastieken hangt, omhoog tot een hoogte van 60 m, waarbij snelheden tot 220 km per uur worden bereikt en de inzittenden een versnellingskracht *(G-force)* van 5 ervaren – vergelijkbaar met de kracht waaraan astronauten bij de lancering van een raket bloot staan. Na 4,5 min. is alles voorbij.

Singapore Jet Boat (E 8/9)

Singapore Merlion Park
1 Fullerton Road
tel. 97 30 50 53
www.singaporejet.com.sg
MRT Raffles Place
'Harbour Blast'; 45 min.
di.-zo. 9–18 uur, van tevoren reserveren is absoluut noodzakelijk!
De knalrode *jetboat* scheurt met een bloedvaart (max. 65 km per uur) over het water van Marina Bay en voert daarbij allerlei adembenemende manoeuvres uit. Volwassenen betalen S$ 50, kinderen (niet kleiner dan 1,30 m) S$ 35. Gezinsticket voor 4 pers. S$ 150.

Fitness

De betere hotels hebben allemaal op zijn minst een kleine fitnessruimte met een fiets en een paar trainingsapparaten, en de luxe hotels beschikken meestal over een echte **gym** met allerlei verschillende trainingsapparaten en personeel dat de klanten met raad en daad terzijde staat. Soms worden er zelfs cursussen gegeven (yoga, tai-chi, afslanktraining) en is er een *personal coach* beschikbaar. Een aantal fitnesscentra van hotels is tegen betaling ook voor niet-gasten toegankelijk.

California Fitness Orchard Club (B 6)

Orchard Building, 1 Grange Road
tel. 68 34 21 00
www.californiafitness.com
ma.-za. 6–24 uur, zon- en feestdagen 10–22 uur
MRT Somerset
Een enorme verscheidenheid aan fitness- en trainingsapparaten staat

verspreid over drie verdiepingen; cursussen beginnen ongeveer om het uur tussen 7 en 21 uur. Indien gewenst kan men een persoonlijke coach krijgen. Deze internationale keten is in Singapore vertegenwoordigd met nog drie vestigingen; voor details zie de website. Dagkaart S\$ 35; weekkaart S\$ 105.

Club Oasis Fitness Centre & Spa (B 5)

Grand Hyatt Hotel
10 Scotts Road 1 Grange Road
tel. 67 38 12 34
www.singapore.grand.hyatt.com
ma.-za. 6–24 uur, zon- en feestdagen
10–22 uur
MRT Orchard
De club is mooi gelegen op de binnenplaats met een tropische tuin, waterval en zwembad. De fitnessstudio is klein, maar heeft goede voorzieningen. Indien gewenst staat een persoonlijke coach klaar en er worden cursussen yoga, tai-chi en *body conditioning* gegeven. Niet-leden betalen S\$ 15 per uur. Ook zijn er mogelijkheden voor massages (niet duur – 50 min. voor S\$ 90–110) en thalassotherapie.

Earth Sanctuary Day Spa (D 9)

86 Club Street, Chinatown
tel. 63 24 79 33
www.earthsanctuary.com.sg
ma.-vr. 11–21 uur, za. en zo.
10–19 uur
MRT Chinatown of Tanjong Pagar
Het aanbod is op aroma-, muziek- en kleurentherapie geïnspireerd; verder kan men kiezen uit o.a. Balinese en Polynesische *(kohuna)* massages, hete lavastenen op drukpunten (S\$ 120 voor 60 min.), diverse pakkingen, baden en gezichtsmaskers. Gelegen in de meest trendy straat van Chinatown.

Raffles Amrita Spa Raffles City (E 7)

Raffles The Plaza
80 Bras Basah Road
tel. 63 39 77 77
www.amritaspas.com
dag. 10–22 uur
MRT City Hall
Het grootste wellness- en fitnesscomplex van de stad (totale oppervlakte van ongeveer 4500 m^2) omvat o.a. 35 behandelingsvertrekken en suites, evenals een fitnesscentrum, waar pilates-, yoga- en andere cursussen worden gegeven. Natuurlijk is ook een grote keus aan massages en kuurbehandelingen, zoals de-*stresser* (85 min. voor S\$ 180) en *nirvana body treatment* (85 min. voor S\$ 160).

The Oriental Spa (F 8)

The Oriental
5 Raffles Avenue
tel. 63 38 00 66
www.manadrinoriental.com
MRT City Hall
De luxueuze vertrekken zijn in dezelfde weelderige stijl ingericht als het hotel waarin de spa is gevestigd. Het eind van een behandeling wordt met een gongslag aangekondigd. Grote keus aan massagetherapieën, baden en pakkingen. Een Oosterse of mediterrane *aromasoul ritual massage* kost S\$ 120 voor 55 min.

Golf

Het is nauwelijks te geloven, maar in het dichtbebouwde en dichtbevolkte Singapore is een groot aantal openbare *(public)* en particuliere golfbanen. De laatste zijn echte *country clubs* op prachtige locaties, compleet met restaurants, clubvertrekken, douches en nog

Sport

veel meer. Op werkdagen worden ook op de particuliere banen gasten toegelaten, maar de weekeinden zijn bijna altijd gereserveerd voor leden. Als u wilt reserveren moet u uw handicap opgeven of een *proficiency certificate* kunnen tonen. Bij de hieronder genoemde banen is ook materiaal te huur. Meer informatie: www. singapore.com/golfing

Jurong Country Club
(buiten de kaart)

9 Science Centre Road
tel. 65 68 518 8
di.-zo. *morning golf* vanaf 7.15 uur,
afternoon golf dag. vanaf 12 uur,
night golf ma.-za. vanaf 17 uur
MRT Jurong
Particuliere golfbaan met 18 holes, *green fee* op werkdagen S$ 100, in het weekeinde S$ 180.

Marina Bay Golf Course
(buiten de kaart)

3 Rhu Cross
tel. 63 45 77 88, ww.mbgc.com.sg
di. gesloten, op andere dagen vanaf 7 uur, wo. en do. ook 's avonds tot 21.30 uur; boeken via internet of fax, voor details zie de website
MRT Aljunied, dan bus 158 tot halte Costa Rhu Apartments
Deze openbare golfbaan is in november 2006 geopend. De heuvelachtige baan heeft 18 holes en biedt een aantal interessante uitdagingen. *Green fees* op werkdagen S$ 60 / S$ 80 ('s avonds S$ 10 toeslag), in het weekeinde S$ 80 / S$ 160, voor resp. 9 of 18 holes.

Paardenrennen

Turf Club, Kranji Race Course
(buiten de kaart)

1 Turf Club Avenue

tel. 68 79 10 00, www.turfclub.com.sg
rennen vr. vanaf 18.30,
za. en zo. 13.45–18 uur
MRT Kranji
De rensport in Singapore kan bogen op een 160 jaar lange traditie. De Turf Club verhuisde in 1999 van zijn oude onderkomen bij Bukit Timah naar een splinternieuw complex in het noorden van het eiland. De vier verdiepingen hoge *grandstand* biedt plaats aan ongeveer 30.000 toeschouwers, toegang tot de niet-airconditioned begane grond *(lower grandstand)* kost S$ 3, tot de airconditioned verdieping daarboven *(upper grandstand)* S$ 5, en tot de nog hoger gelegen *club level* S$ 20 (airconditioned, met restaurant). Voor het hele complex gelden strenge kledingvoorschriften: bezoekers in shorts (ook Bermuda-shorts), vale jeans, mouw- en kraagloze T-shirts, slippers en sandalen worden niet toegelaten.

Fietsen en joggen

Na 18 uur, als het koeler begint te worden, gaan veel inwoners van Singapore joggen in de **Botanic Gardens**. In **East Coast Park**, aan de kust ten zuiden van de voorsteden Katong en Bedok, loopt de 10 km lange East Coast Bicycle Trail, die aan de East Coast Lagoon begint. Dit is tevens het beginpunt van een aantal voetpaden – in de weekeinden lijkt het wel of half Singapore in het park komt recreëren.
Op het eiland **Sentosa** zijn ook een paar fietsroutes, waar het in weekeinden eveneens erg druk is. Veel rustiger is het daarentegen in het **Bukit Timah Nature Reserve** in het noorden van het eiland. De meeste wandelpaden zijn hier heel geschikt om te joggen. Rustig is het ook op **Pulau Ubin** (zie blz. 102),

waar in het dorp bij de aanlegsteiger fietsen te huur zijn voor een ritje over de paden tussen de visvijvers en door een restant van het regenwoud.

Zwemmen

Weliswaar heeft Singapore enkele stranden (o.a. aan de East Coast) die populair zijn bij de plaatselijke bevolking, maar de kwaliteit van het water laat er te wensen over. Toeristen kunnen zich beter beperken tot het zwembad van hun hotel. Wat verder buiten de stad is het water beter: er zijn goede stranden op Sentosa Island en St John's Island (de veerboot vertrekt van HarbourFront Centre; voor meer informatie zie blz. 103), en nog betere aan de oostkust van Maleisië of op het Indonesische eiland Bintan.

Wild Wild Wet (buiten de kaart)

1 Pasir Ris Close
www.wildwildwet.com
ma., wo.-vr. 13–19, za., zon- en feestdagen 10–19 uur
toegang volwassenen S$ 12,90, kinderen 3–12 jaar S$ 8,80
MRT Pasir Ris, dan 10 min. lopen

Een reusachtig waterpretpark met zwembaden, waterglijbanen, een kunstmatige rivier en een poedelbadje voor de kleintjes. In het weekeinde is ook het aangrenzende **Escape Theme Park** open, een pretpark met een reuzenrad, een kartbaan, een spookhuis en andere attracties. Houd er rekening mee dat het er vaak erg druk is.

Escape Theme Park: za., zon- en feestdagen 10–20 uur, volwassenen S$ 16,50, kinderen 3–12 jaar S$ 8,30.

Waterskiën

Ski360° Cable Ski Park (buiten de kaart)

1206A East Coast Parkway, East Coast Park
tel. 64 42 73 18
www.ski360degree.com
ma.-vr. 10–22 uur, za., zon- en feestdagen vanaf 9 uur
MRT Bedok, dan bus 401 (de bus rijdt alleen za., zon- en feestdagen)
Aan de East Coast Lagoon; waterskiërs en wakeboarders worden niet getrokken door een boot, maar door over het water gespannen kabels. Werkdagen S$ 30 (1 uur) of S$ 45 (2 uur), in het weekeinde S$ 10 resp. S$ 15 meer.

Wellness

Wellness is in Singapore een groeimarkt – zogenaamde *spas* (wellnesscentra) behoren tot de standaard-voorzieningen van alle luxe hotels, maar ook buiten de hotels zijn tal van centra te vinden. Het aanbod varieert van aromatherapie, peeling, baden in verschillende essences, gezichtsmaskers, modderbaden, diverse lichaams- en voetmassages en shiatsu tot ontharingsbehandelingen, manicure, pedicure en andere cosmetische behandelingen. Boek een behandeling zo mogelijk minstens een dag van tevoren. Er wordt verwacht dat u 15–20 min. voor de afgesproken tijd aanwezig bent voor de check-in en advies. Vervolgens kunt u zich na het omkleden onder het genot van een kopje thee ontspannen tot u wordt opgeroepen voor de behandeling.

Bezienswaardigheden

Van kaalslag tot monumentenzorg

Tot voor kort betekende stadsontwikkeling in Singapore dat alles wat ouder was dan enkele tientallen jaren werd gesloopt en vervangen door nieuwbouw. De overheid kwam op het nippertje tot het besef dat ook zorg voor historisch en cultureel erfgoed deel uitmaakt van modern stedelijk beleid. Hele huizenblokken worden momenteel gerenoveerd, waarbij de gevels in traditionele stijl beschilderd worden. Ook kunst en cultuur mogen op veel meer steun rekenen dan vroeger. Singapore is niet langer alleen een functionele, overgeorganiseerde stad, maar ook een kleurrijk, veelzijdig, levendig en inspirerend middelpunt van cultuur.

Natuurlijk steken er – zoals in Singapore altijd het geval is – keiharde economische motieven achter deze transformatie: het ging (en gaat) erom zoveel mogelijk bezoekers te lokken; het toerisme is tenslotte een van de belangrijkste economische pijlers van de stadstaat. Bovendien is er een door de overheid correct ingeschat neveneffect: de goed opgeleide en bijzonder veeleisende jongere generatie wordt dankzij de recente ontwikkelingen gestimuleerd om niet te emigreren, maar in Singapore te blijven en zo een bijdrage te leveren aan de toekomst van de stad.

Een blik op de toekomst

Het gezicht van de stad is in de afgelopen eeuw ingrijpend veranderd. Ongeveer 150 jaar geleden liep de kust langs Telok Ayer Street in Chinatown en langs Beach Road, maar door landaanwinning is deze steeds verder naar het oosten verschoven. Voor de komende tien jaar hebben planologen in Singapore grootse plannen. In 2008 komt een dam gereed waardoor Marina Bay van zee wordt afgesloten en in een soort stuwmeer verandert. Op het tot op heden vrijwel onbenutte braakliggende terrein ten oosten van de financiële wijk wordt Marina Bay Sands gebouwd, een ministadje met een casino, andere amusementsgelegenheden en drie parken. Het casino zal in 2009 geopend worden, Marina South Park moet in 2010 gereed zijn. Marina Bay Sands wordt door een nieuwe brug verbonden met Raffles Avenue in het noorden; ten oosten van de brug, tegenover het Ritz-Carlton Millenia-Hotel, zal vanaf 2008 een gigantisch, 165 m hoog reuzenrad, de Singapore Flyer, een nieuwe blikvanger zijn. Wie een blik op de toekomst wil werpen kan terecht op www.marinabay.sg/explore.htm.

Het huidige stadsbeeld

Het beeld van de binnenstad van Singapore, met zijn reusachtige flats en wolkenkrabbers, wordt in hoge mate bepaald door stedenbouwkundige opvattingen uit de jaren zeventig en tachtig van de 20e eeuw. Verspreid daartussen staan oude kerken, tempels en moskeeën, voorname overheidsgebouwen uit de koloniale tijd en enkele gerenoveerde twee of drie verdiepingen hoge winkelpanden, die tot halverwege de 20e eeuw kenmerkend waren voor Singapore.

Rond de binnenstad strekken zich in alle richtingen schijnbaar eindeloze satellietsteden uit met hoge, dicht op elkaar gebouwde flats, die allemaal op elkaar lijken. Deze monotone jungle van beton wordt echter getemperd door talrijke groenvoorzieningen, parken, golfbanen, resten van het regenwoud en de reservaten rond de drinkwaterreservoirs in het midden en het noorden van het eiland. Ondanks de hoge bevolkingsdichtheid is er in Singapore verbazingwekkend veel groen en zijn er zelfs nog een paar stukjes 'echte' natuur.

Oriëntatie

Een duidelijk begrensd, compact centrum is er niet. De binnenstad kan verdeeld worden in een aantal wijken, waarvan de grenzen soms onduidelijk zijn. Voor de oriëntatie is de 4 km lange **Singapore River** van ondergeschikt belang. Weliswaar worden de oevers van de rivier na tientallen jaren verwaarlozing weer opgeknapt, maar dat geldt alleen voor de monding en twee verder stroomopwaarts gelegen uitgaanswijken.

De belangrijkste verkeersader, **Orchard Road**, loopt van het noordwesten naar het zuidoosten. Na 2,5 km splitst deze zich bij het MRT-station Dhoby Ghaut in twee eenrichtingsstraten: **Bras Basah Road**, die overgaat in **Raffles Boule-vard** (verkeer in zuidoostelijke richting), en **Stamford Road**, die overgaat in **Raffles Avenue** (verkeer in noordwestelijke richting). De winkelstraat Orchard Road en de zijstraten ervan vormen een aparte wijk.

Tussen Bras Basah Road en de Singapore River strekt zich de **koloniale wijk** uit, die in het westen wordt begrensd door het Fort Canning Park. **Marina Bay**, het nieuwe drooggelegde terrein in het oosten, is pas in de afgelopen twintig jaar bebouwd. Hier vallen vooral de twee koepeldaken van het nieuwe culturele centrum op. Rond de winkelcentra Millenia Walk en Marina Square verrijst een aantal luxueuze hotels, evenals het beurs- en winkelcentrum Suntec City. Het **Financial District** beslaat een smalle strook ten zuiden van de monding van de Singapore River en gaat in westelijke richting over in **Chinatown**, in zuidwestelijke richting in **Tanjong Pagar**.

De uitgaanswijk **Boat Quay**, aan de zuidelijke bocht van de rivier, strekt zich van de wolkenkrabbers van het Financial District uit tot Elgin Bride (South Bridge Road). Het gebied tussen Bras Basah Road, Selegie Road, Rochor Canal en Beach Road ontbeert een eigen karakter en heeft zelfs geen naam, hoewel het dikwijls **Bugis** wordt genoemd, naar het MRT-station, de belangrijkste straat en het grote winkelcentrum.

Meteen ten noordoosten van Bugis MRT bevindt zich de kleine **Kampong Glam** met de al van verre zichtbare Sultanmoskee. Dit is al sinds de stichting van Singapore de traditionele wijk van de moslims. **Little India** is duidelijk begrensd: in het zuidwesten door het Rochor Canal, in het westen door het Farrer Park, in het oosten door de Jalan Besar en in het noorden door Lavender Street / Balestier Road.

Bezienswaardigheden

Het gros van de Singaporezen woont buiten het centrum, sommigen in de wat oudere voorsteden, de meesten in de talrijke, over het hele eiland verspreide satellietsteden. Interessant voor bezoekers zijn het kleine **Holland Village** ten westen van Orchard Road (zie onder), **Geylang Serai / Katong** aan de East Coast (zie Extra-route 5, blz. 116) en vanwege de visrestaurants aan het water, de sportmogelijkheden in East Coast Park en de boot naar Pulau Ubin ook de rest van de **East Coast**.

Wie een indruk wil krijgen van de **West Coast** kan het best een bezoek brengen aan Mount Faber en Sentosa Island. Onderweg naar de dierentuin en andere attracties die buiten de stad liggen vangt u een glimp op van satellietsteden als **Clementi**, **Jurong** en **Toa Payoh**. Natuurlijk kunt u ook de MRT nemen en eenvoudig ergens uitstappen, maar een bezoek aan een satellietstad is interessanter als u zich bij een rondleiding aansluit. Bij het Singapore Visitors Centre (zie blz. 20) kunt u terecht voor informatie.

De wijken

Chinatown / Tanjong Pagar (D 9 / D 10)

Chinatown is een wijk vol tegenstellingen: op sommige plaatsen wordt het beeld bepaald door saaie winkelcentra en woonblokken, maar in de zijstraten tussen **South Bridge Road** en **New Bridge Road** staan nog fraai gerenoveerde oude winkelpanden; het zuidoosten rond **Ann Siang Hill** en **Club Street** heeft zich met zijn trendy restaurants, bars en designwinkels ontpopt tot het domein van yuppies. Deze ontwikkeling zal zich waarschijnlijk voortzetten naar de in zuidwestelijke richting gelegen straten rond **Keong Saik Road** en **Bukit Pasoh Road**.

Tanjong Pagar, een eindje verder zuidwaarts, is al halverwege de jaren negentig gerenoveerd (zie Extra-route 3, blz. 112).

Financial District (E 9)

Nergens manifesteert de razendsnelle ontwikkeling van Singapore zich duidelijker dan in de trots omhoogrijzende wolkenkrabbers ten zuiden van de monding van de Singapore River. Het middelpunt van deze wijk wordt gevormd door Raffles Place, al in de koloniale tijd een belangrijk zakencentrum. Tegenwoordig zijn de meeste banken en financiële instellingen van Singapore in deze kleine wijk gevestigd. Langs het langgerekte plein verrijzen hoge gebouwen, waardoor het al vroeg in de middag in de schaduw ligt. De gerestaureerde pakhuizen *(go downs)* van Boat Quay (zie blz. 90) zien er tegen deze achtergrond haast uit als speelgoedhuisjes.

Hoogtepunt **6**

Kampong Glam – de islamitische wijk (F/G 6)

Toen Raffles de nieuwe handelspost in 1823 opdeelde in wijken voor de verschillende bevolkingsgroepen wees hij het gebied in de buurt van de Maleise Kampong Glam toe aan de moslims. Al spoedig vestigden zich er Arabische kooplieden – een aantal straten in deze wijk is naar hen genoemd.

Tot voor kort maakte de wijk een tamelijk ingedutte indruk: behalve de indrukwekkende **Sultanmoskee**, die zich met zijn gouden koepel boven de oude winkelpanden verheft, en **Arab**

De oude koloniale wijk wordt overschaduwd door de wolkenkrabbers van het
Financial District

Street met zijn vele textiel-, leer- en mandenverkopers was er weinig te zien. Tegenwoordig kunnen bezoekers in het Malay Heritage Centre (zie blz. 97) in het paleis van de sultan, **Istana Kampong Glam**, een indruk krijgen van de geschiedenis en cultuur van deze bevolkingsgroep, en Singaporezen komen zelfs uit andere wijken hierheen om 's avonds in de gezellige cafés in **Bussorah Street** en **Kandahar Street** Libanees of Egyptisch te eten of zelfs een *sheesha* (waterpijp) te roken. Tijdens de ramadan zijn 's avonds bij talrijke kraampjes in de feestelijk verlichte Bussorah Street islamitische gerechten en lekkernijen te koop.

De koloniale wijk (E 8)

Niets symboliseert de Britse koloniale erfenis beter dan het gebouw van de **Cricket Club** aan de zuidzijde van de Padang. Langs dit grote grasveld, dat als sportveld en ontmoetingsplek het maatschappelijke middelpunt van de kroonkolonie was, verrijzen voorname gebouwen uit de 19e eeuw; in een daarvan is tegenwoordig een cultureel

Bezienswaardigheden

centrum gevestigd, in een ander een groot museum. Wat verder landinwaarts vindt u tussen hoogbouw en hotels uit de jaren zestig en zeventig van de 20e eeuw enkele oude kerken, het voormalige klooster **Chijmes** en twee musea, die gevestigd zijn in prachtige gebouwen uit de koloniale tijd. In het noordoosten overschaduwt het **Swiss-ôtel The Stamford** – met 73 verdiepingen een van de hoogste hotels ter wereld – het achtenswaardige oude Raffles.

Little India (E 5)

Met zijn hindoetempels en moskeeën, curryrestaurants en ontelbare winkels met gouden sieraden, sari's en snuisterijen is deze kleine wijk – van Serangoon Road tot Lavender Street in het noorden en enkele zijstraten in westelijke en oostelijke richting – het centrum van de Indiase cultuur in Singapore. In Little India lijkt de rest van Singapore, dat sterk door China is beïnvloed, ver weg en komt u in de exotische wereld van geuren, kleuren en klanken van het Indiase subcontinent (zie Extra-route 4, blz. 114).

Orchard Road (A5 - D6)

Orchard Road is de belangrijkste straat van Singapore – de winkelstraat bij uitstek, maar ook een populaire uitgaanswijk. De particuliere appartementen in het gebied rond Orchard Road behoren tot de duurste van de stad; daarnaast zijn er tal van vijfsterrenhotels te vinden. Terwijl sommige winkelcentra met kristal, marmer en vergulde versieringen een sfeer van overdadige luxe ademen, lijken andere met hun 1001 kleine winkeltjes en eethuisjes meer op een levendige oosterse bazaar. Het drukst is de kruising van Scotts Road en Orchard Road bij MRT-station Orchard.

Holland Village (buiten de kaart)

Deze wijk (genoemd naar de architect Hugh Holland), die vooral geliefd is bij in Singapore wonende buitenlanders, ligt slechts 4 km ten westen van Orchard Road en is goed per bus bereikbaar; als de nieuwe Circle Line van de MRT klaar is, wordt het nog gemakkelijker. Zoals de naam al doet vermoeden wordt deze kleine wijk niet gedomineerd door hoge flatgebouwen, maar door vrijstaande woningen, die in vergelijking met de rest van de stad een haast dorpse sfeer uitstralen. Holland Village omvat een gedeelte van Holland Avenue en enkele daarachter gelegen straatjes (Lorong Mambong en Lorong Liput).

Aan de andere kant van Holland Avenue loopt Jalan Merah Saga, een straat met een groot aantal eetgelegenheden. Met een klein winkelcentrum aan Holland Avenue en interessante kunstnijverheidswinkels is Holland Village populair bij het winkelend publiek. Dankzij de vele cafés, bars en restaurants is dit ook een drukke uitgaanswijk.

Straten en pleinen

Boat Quay, Clarke Quay en Robertson Quay (E8 - B8)

Tot halverwege de jaren zeventig van de 20e eeuw waren de kaden aan de monding van de Singapore River nog in gebruik als overslagplaats voor goederen. Daarna werd het gebied bijna twintig jaar aan zijn lot overgelaten en raakten de pakhuizen (plaatselijk aangeduid als *go downs*) geleidelijk in verval. De renovatie van Boat Quay luidde het begin in van de wederopleving van dit historische gebied in de buurt van het parlement, waar Raffles ooit zijn eerste schreden in Singapore zette. Aan het eind van de jaren negentig zijn ook Clarke Quay en Robertson Quay geheel gerenoveerd.

De drie kaden en de straatjes die erop uitkomen zijn nu een populaire uitgaanswijk; in de oude pakhuizen hebben zich kroegen, clubs, bars en restaurants gevestigd. Op **Boat Quay** gaat het er dikwijls luidruchtig aan toe; veel werknemers uit het aangrenzende Financial District laten zich hier op vrijdagavond in de bars vollopen. In vergelijking daarmee is **Clarke Quay** rustiger, stijlvoller en meer op gezinnen gericht. De verder in westelijke richting gelegen **Robertson Quay** en omgeving (Mohamed Sultan Road) is het middelpunt van de club- en rave-scene van Singapore.

Bugis Village en Parco Bugis Junction (E/F 6)

Bugis Street stond tot halverwege de jaren tachtig van de 20e eeuw in heel Zuidoost-Azië bekend als een poel van verderf, domein van zeelieden, prostituees en travestieten. Tegelijkertijd was het een levendige straat, waar regelmatig geïmproviseerde zang- en dansvoorstellingen plaatsvonden. De aanleg van de MRT bood de regering, die de ongure amusementswijk al lang een doorn in het oog was, een uitgelezen excuus om de straat eenvoudig te laten verdwijnen. Hiertegen werd echter zo fel geprotesteerd dat de buurt als **New Bugis Street** aan een tweede leven begon. Tegenwoordig vindt u er een avondmarkt met goedkope kleding en prullaria, evenals een groot aantal eetgelegenheden in de openlucht. **Parco Bugis Junction** is een luxueus gerenoveerd huizenblok, met daar overheen een glazen dak, zodat het geheel van airconditioning kon worden voorzien.

Blouse en sjaal

Als u bezienswaardigheden gaat bezoeken is het aan te raden een dunne katoenen blouse met lange mouwen en een zijden sjaal of iets dergelijks mee te nemen. Ze passen in elk handtasje, wegen haast niets en kunnen snel over andere kleren worden aangetrokken. Aldus bedekt kunt u een tempel of moskee bezoeken (waar decente kleding verplicht is). Bovendien zijn ze handig om u te wapenen tegen de haast arctische temperaturen die dikwijls in airconditioned restaurants en winkelcentra heersen.

Gebouwen, kerken en tempels

Abdul Ghaffoor-moskee (E 5)

41 Dunlop Street
dag. 9–13, 14–17 en 18–19 uur
MRT Little India of Bugis
Het is niet vreemd dat er een moskee in Little India staat – een niet onbelangrijke minderheid van de Singaporese Indiërs is moslim. In 1881 werd op deze plek een houten moskee gebouwd, die in 1907 door het huidige stenen gebouw werd vervangen. De moskee is rijkversierd. Vooral de met kleurig glas verfraaide grote koepel springt in het oog, evenals de zonnewijzer bij de ingang; op de 25 zonnestralen staan de namen van 25 profeten te lezen.

Armenian Church (D/E 7)

Hill Street, hoek Coleman Street
dag. 8.30–17.30 uur
MRT City Hall
De Britse koloniale ambtenaar George Drumgoole Coleman, naar wie een

Bezienswaardigheden

straat in deze buurt is genoemd, heeft een groot aantal van de historische gebouwen van Singapore ontworpen. Deze kerk in neoclassicistische stijl geldt als zijn meesterwerk. Hij werd in 1835 door de kleine, maar welvarende Armeense gemeente gefinancierd en is gewijd aan de heilige Gregorius, de eerste patriarch van de Armeens-christelijke kerk. De Armenian Church is de oudste christelijke kerk van Singapore. Tegenwoordig worden er geen diensten meer gehouden.

Chijmes (E 7)

Hoofdingang: Victoria Street tussen Stamford Street en Bras Basah Road
MRT City Hall

De naam (spreek uit: tsjaims) is een woordspeling (*the bells chime* = de klokken luiden) en tevens een verwijzing naar de naam van het voormalige nonnenklooster dat hier tegenover het Raffles Hotel stond: **C**onvent of the **H**oly **I**nfant **J**esus (gesticht in 1854). De neogotische kerk en het meer dan 150 jaar oude Caldwell House binnen de kloostermuren zijn getrouw naar het origineel opnieuw ingericht, maar de rest van het complex heeft – zoals te verwachten is in Singapore – een commerciële bestemming gekregen: aan de wandelgangen en rond de binnenplaats treft u nu boetieks, restaurants, clubs en bars aan. Vanwege de architectuur is het de moeite waard om ook overdag eens een kijkje te nemen in het complex. Chijmes komt echter pas in de avond, als de duizenden in de bomen hangende lampjes aan zijn en de openluchtrestaurants goede zaken doen, echt tot leven. Elke avond behalve woensdag speelt er vanaf 22.30 uur een live rockband.

Fountain of Wealth (F 7)

Suntec City
Temasek Boulevard
MRT City Hall

Suntec City grossiert in superlatieven: dit is het grootste winkelcentrum van Singapore en de Fountain of Wealth is de grootste fontein ter wereld, wat door het *Guiness-Book of Records* wordt

Feng shui

Onder feng shui (letterlijk: 'wind en water'; in het Nederlands ook wel geomantiek genoemd) verstaat men de kunst en wetenschap van leven in harmonie met de omgeving, gebaseerd op het Chinese Taoïsme. Sterk vereenvoudigd betekent feng shui de positieve beïnvloeding van alle aspecten van het leven – gezondheid, materiële welstand, gezins- en huwelijksleven – door de energetisch 'juiste' positionering van huizen en vertrekken, ramen, deuren en muren. 'Gunstige' elementen (vooral water) worden toegevoegd aan strategisch belangrijke plekken; spiegels en andere zaken houden ongewenste energieën ('demonen') op afstand.
In Singapore – voor driekwart een Chinese stad – wordt feng shui zeer serieus genomen. Winkelcentra, kantoorcomplexen en woonblokken zijn volgens de feng shui-principes ingedeeld, wie een woning wil kopen raadpleegt een feng shui-meester, en zelfs de keus van de plek voor een graf vereist deskundig advies. De zeer ingewikkelde berekeningen worden tegenwoordig met speciaal voor dit doel ontwikkelde software door computers uitgevoerd.

Bezichtiging van moskeeën en tempels

Zowel in tempels als in moskeeën dient men voor het binnengaan de schoenen uit te trekken. Van mannen en vooral van vrouwen wordt decente kleding verwacht, zoals bedekte armen en benen (tot op de enkels). In moskeeën en Sikh-tempels dient ook het hoofd bedekt te zijn, in Chinese tempels daarentegen moet de hoofdbedekking juist worden afgenomen. De gebedshal van een moskee is alleen toegankelijk voor (mannelijke) moslims. Niet-moslims mogen moskeeën buiten de tijden van het gebed bezoeken (liefst 9–12 uur 's morgens).
Menstruerende vrouwen worden in de islam en het hindoeïsme als onrein beschouwd – in die periode wordt van hen verwacht dat ze buiten moskeeën en tempels blijven.

bevestigd. Het gehele complex is volgens feng shui-principes gebouwd, dat wil zeggen dat de onderlinge verhoudingen en de positionering van alle bouwkundige elementen zo zijn uitgevoerd dat ze het grootst mogelijke succes en zoveel mogelijk welstand en geluk waarborgen. Het complete ontwerp van Suntec City symboliseert een naar boven geopende linkerhand: de vier wolkenkrabbers van 45 verdiepingen staan voor de vingers, een 18 verdiepingen hoge toren voor de duim en de reusachtige fontein bevindt zich in het midden van de hand. De fontein bestaat uit een bronzen ring van 21 m doorsnede, die door bijna 14 m hoge stijlen wordt ondersteund. De ring symboliseert volmaaktheid en oneindige harmonie, het in de ring stromende water betekent dat verworven welstand niet 'door de vingers' loopt, maar behouden blijft.

Veel Singaporezen geloven dat om de fontein heen lopen en het water aanraken geluk brengt. Om dit mogelijk te maken wordt de grote fontein dag. 9–11, 14.30–16 en 19–19.45 uur uitgeschakeld; bezoekers kunnen dan rond een kleinere fontein aan de basis van het geheel lopen. 's Avonds van 20 tot 21 uur is er een multimedia-lasershow.

Kwan Im Thong Hood Cho-tempel (E 6)
178 Waterloo Street
dag. 6.30–18.15 uur
MRT Bugis
Op de avond voor het Chinese nieuwjaar, als deze tempel de hele nacht geopend is, trekken duizenden gelovigen hierheen om Kuan Yin, de godin van de barmhartigheid, om haar zegen voor het nieuwe jaar te smeken. Behalve het beeld van Kuan Yin zijn in de gebedshal ook beelden van andere goden te zien. In deze tempel is fotograferen verboden.

Raffles Hotel (E 7)
1 Beach Road
MRT City Hall
zie ook blz. 39
Het Raffles is niet alleen een beroemd hotel, maar een instituut – het is uitgegroeid tot het symbool van het Singapore uit de koloniale tijd, dat in een aantal verhalen van Somerset Maugham vereeuwigd is. Aanvankelijk had het in 1887 gebouwde hotel slechts tien kamers, maar al snel ontwikkelde het Raffles zich tot het 'beste hotel ten oosten van Suez', zoals in een krantenartikel uit het begin van de 20e eeuw werd geschreven. De lange lijst van

Bezienswaardigheden

Een uitstapje naar de Thian Hock Keng-tempel

beroemde gasten omvat veel schrijvers, o.a. Rudyard Kipling, Noel Coward en natuurlijk Somerset Maugham, die de oorvijg die hem hier ooit werd toegediend in een van zijn verhalen heeft vereeuwigd. Het interessante Raffles Hotel Museum (dag. 10–17 uur; toegang gratis) bevat herinneringen aan de glorietijd van het hotel.

Omstreeks 1990 is het hele hotel gerenoveerd en zowel van binnen als van buiten gemoderniseerd; wat betreft de stijl en decoraties oriënteerde men zich hierbij op het jaar 1915. Tegenwoordig heeft het Raffles heel wat concurrenten voor de titel 'beste hotel van de stad', maar *een tiffin lunch* onder zoemende ventilatoren of een *Singapore sling*-cocktail in de beroemde Long Bar (zie blz. 68) zijn nog net als vroeger een must voor iedereen die Singapore bezoekt.

Sri Mariamman-tempel (D 9)

244 South Bridge Road, Chinatown
dag. 7.30–11.30, 17.30–20.30 uur
toegang gratis; S$ 3 voor fotograferen, S$ 6 voor filmen
MRT Chinatown

De oudste hindoetempel van Singapore heeft een schitterende, met kakelbonte beelden versierde toegangstoren (*gopuram*). De eerste tempel, een eenvoudig bouwwerk van hout en een dak van palmbladeren (*atap*), werd in 1827 opgericht en in 1843 vervangen door een tempel van baksteen. De beste tijd voor een bezoek is gedurende het middag- of avondgebed (*puja*). Gedurende het Theemidhi-festival (zie blz. 78) lopen de gelovigen hier over gloeiende kolen.

Sri Srinivasa Perumal-tempel (F 4)

397 Serangoon Road, Little India

dag. 6.30–12.30, 17–21 uur
MRT Farrer Park
Deze tempel is gewijd aan de hindoe-god Vishnu – Perumal is een van zijn talloze andere namen. Het beeldhouwwerk waarmee de 20 m hoge toegangstoren *(gopuram)* volledig bedekt is, stelt de god in negen verschillende incarnaties voor. In deze tempel begint de processie van het Thaipusam-feest.

Sri Veeramakaliamman-tempel (E 5)

141 Serangoon Road, Little India
dag. 6.30–12, 17–21 uur
MRT Little India
De populairste hindoetempel van Singapore is gewijd aan Kali, de gemalin van Shiva en de godin van de verwoesting en het kwaad. Zij wordt dikwijls afgebeeld met een groot aantal armen en handen, met om haar hals een guirlande van schedels. Het belangrijkste vertrek bevat een zwart beeld van de godin; ze wordt geflankeerd door haar zoon Ganesh, de god met de olifantskop, en Murugan. Langs de buitenmuren van de tempel bevinden zich aan andere godheden gewijde schrijnen. De gelovigen nemen bij het betreden van de tempel een aantal rituelen in acht: ze luiden een van de klokken aan de toegangspoort en breken als symbool van de reinheid van hun ziel een kokosnoot. Vervolgens lopen ze met de wijzers van de klok mee een oneven aantal ronden door de tempel – men gelooft dat dit geluk brengt.

St Andrew's Cathedral (E 7/8)

Coleman Street
dag. 9–18 uur
MRT City Hall
Met zijn witte muren is de kathedraal aan de rand van de Padang niet over het hoofd te zien. Hij werd in de jaren vijf-tig van de 19e eeuw in neogotische stijl gebouwd. De helderwitte kleur is te danken aan de verfstof *Madras chunam*, een mengsel van kalk, suiker en eiwit. Op zondag worden er enkele malen per dag Anglicaanse diensten gehouden.

Sultan-moskee (F 6)

North Bridge Road (vlak bij Arab Street)
dag. 9–16 uur; niet toegankelijk tijdens het gebed (vr. 11.30–14.30 uur)
MRT Bugis
Als uitvloeisel van het verdrag tussen Sir Stamford Raffles en de sultan van Johor werd in 1825 een moskee gebouwd, die een eeuw later werd vervangen door het prachtige huidige gebouw met een gouden koepeldak. De moskee, die plaats biedt aan 5000 gelovigen, is de grootste van de stad.

Temple of 1000 Lights (F 4)

(Sakaya Muni Buddha Gaya)
366 Race Course Road
dag. 8–16.45 uur
MRT Lavender of bus 306 vanaf MRT Orchard
Het middelpunt van deze boeddhistische tempel wordt gevormd door een 15 m hoog beschilderd beeld van een zittende Boeddha Shakyamuni, omringd door de gloeilampjes waaraan de tempel zijn naam te danken heeft. Het fresco aan de basis van het beeld stelt episodes uit het leven van de Boeddha voor.

Hoogtepunt

Thian Hock Keng-tempel (Tempel van de Hemelse Gelukzaligheid) (D 9)

158 Telok Ayer Street
dag. 7.30–17.30 uur
MRT Tanjong Pagar

Bezienswaardigheden

Het is nauwelijks te geloven, maar deze taoïstische tempel uit 1820 stond ooit aan de oever van de zee. Zeelieden en immigranten uit Zuid-China dankten hier Ma-Chu-Po, de beschermster van de zeelieden, voor de veilige overtocht. De oudste Chinese tempel van de stad is tevens een van de indrukwekkendste. De draken op het dak symboliseren het samenspel van de tegengestelde krachten yin en yang. De leeuwen bij de ingang en de beschilderde poortwachters moeten boze geesten weren. In het grote vat in de grote hal verbranden de gelovigen papiergeld als offer aan de goden en voorouders.

UOB Plaza (E 9)
80 Raffles Place
MRT Raffles Place
Deze futuristische wolkenkrabber tussen Raffles Place en Boat Quay is exact zo hoog als volgens de bouwvoorschriften in Singapore maximaal is toestaan – 280 m. De twee aangrenzende wolkenkrabbers, het OUB Centre en Republic Plaza, zijn even hoog.

Musea en galeries

Hoogtepunt

Asian Civilisations Museum (E 8)
1 Empress Place
www.nhb.gov.sg/acm
ma. 13–19, di.-zo. 9–19 uur, vr. tot 21 uur
toegang S$ 5; rondleidingen in het Engels ma. 14, di.–vr. 11 en 14 uur, za. en zo. 11 en 14–16 uur
MRT City Hall of Raffles Place
Sinds 2003 is de volledige collectie van het museum in een voornaam 19e-eeuws gebouw aan de Singapore River

ondergebracht. Met uitgelezen museumstukken, een geraffineerde belichting en duidelijke informatie roept het museum nieuwsgierigheid op, terwijl video's en interactieve beeldschermen de bezoekers in staat stellen meer te weten te komen over bepaalde thema's. De bijzonder fraaie vaste collectie biedt een overzicht van de Aziatische culturen die hun stempel op Singapore hebben gedrukt: China, India en de islamitische wereld van West-Azië en het Midden Oosten. Daarnaast zijn er dikwijls wisseltentoonstellingen. Trek voor een bezoek minstens twee uur uit.

Hoogtepunt

Chinatown Heritage Centre (D 9)
48 Pagoda Street
www.chinatownheritage.com.sg
dag. 10–19 uur
toegang S$ 8,80
MRT Chinatown
Op drie verdiepingen wordt hier een indruk gegeven van het leven van de migranten uit China, die in de 19e en het begin van de 20e eeuw hun geluk in Singapore kwamen beproeven. De behoefte aan contact met landgenoten uit dezelfde provincie voerde hen naar Chinatown, waar ze meestal ergens in een hoekje in een van de overbevolkte winkelpanden een plek vonden om te slapen. Het museum is gevestigd in drie van deze oude *shop houses*, en de omstandigheden waaronder men leefde zijn zo levensecht gereconstrueerd dat veel oudere inwoners van Singapore – die nu al langere tijd in een van de moderne flats in de voorsteden wonen – in tranen uitbarsten als ze geconfronteerd worden met hun verleden of het onvoorstelbaar zware leven van hun

ouders of grootouders. Zonder meer de moeite waard – als u slechts tijd hebt om één museum in Singapore te bezoeken is dit de beste keus.

Malay Heritage Centre (F 6)

Istana Kampong Glam
North Bridge Road
www.malayheritage.org.sg
museum ma. 13–18, di.-zo. 10–18 uur
toegang S$ 3
MRT Bugis

Als vergoeding voor de overdracht van zijn aanspraken op Singapore aan de Britse East India Trading Company kreeg de sultan van Johor en Singapore Kampong Glam toegewezen als residentie voor zijn familie en hofhouding. Met financiële steun van de Britten bouwde hij Istana Kampong Glam, het paleis (eigenlijk een voorname villa in koloniale stijl) waar zijn nakomelingen tot 1999

hebben gewoond. In het kader van de sanering van de wijk hebben het paleis en het land eromheen een flinke opknapbeurt gekregen. Sinds 2004 is in het paleis een interessant museum ondergebracht, dat een indruk geeft van de geschiedenis en cultuur van de Maleiers in Singapore. Bovendien wordt wo. om 15.30 en zo. om 11.30 uur een 45 minuten durende culturele show gegeven (o.a. dans, traditionele muziek; S$ 10, reserveren is aan te bevelen: tel. 63 91 04 50).

Singapore Art Museum (SAM) (E 7)

71 Bras Basah Road
www.singart.com
za.-do. 10–19, vr. tot 21 uur
toegang S$ 5; vr. gratis toegang vanaf 18 uur
MRT City Hall

Interactieve hi-tech in het Singapore Science Centre

Bezienswaardigheden

In de 13 galeries van dit in 1996 geopende museum is moderne kunst uit Singapore en andere landen in Zuidoost- en Oost-Azië ondergebracht. De hoofdmoot van de collectie bestaat uit tekeningen en schilderijen, maar er is ook beeldhouwwerk te zien. Er zijn tevens wisseltentoonstellingen.

Singapore City Gallery (D 10)

45 Maxwell Road
www.ura.gov.sg/gallery
ma.-za. 8–17 uur
toegang gratis
MRT Tanjong Pagar of Chinatown
Weinig steden zijn de afgelopen halve eeuw ingrijpender veranderd dan Singapore. In het fascinerende museum van de Urban Redevelopment Agency (de overheidsinstantie voor stadsontwikkeling) is de gedaanteverwisseling aan de hand van foto's en maquettes duidelijk te volgen.

Singapore National Museum (D 7)

93 Stamford Road
www.nationalmuseum.sg
Singapore History Gallery dag. 10–18 uur, Singapore Living Galleries dag. 10–19 uur
toegang tot het gebouw is gratis; toegang tot de galeries kost S$ 10
MRT Dhoby Ghaut
Na een omvangrijke modernisering is het National Museum in december 2006 heropend. Het neoclassicistische gebouw uit 1887 met zijn door een koepeldak bekroonde ronde hal is aan de kant van Fort Canning Park uitgebreid met een moderne vleugel van glas en staal. In de **Singapore History Gallery** is aan de hand van een groot aantal voorwerpen en officiële documenten de ontwikkeling van Singapore vanaf de 14e eeuw tot heden te

volgen, terwijl de **Singapore Living Galleries** gewijd zijn aan thema's die hedendaagse Singaporezen het meest aanspreken: eten, mode, film, *wayang* (Chinese opera) en fotografie. Het geheel wordt bijzonder aantrekkelijk en met behulp van de nieuwste technische snufjes gepresenteerd. Verder zijn er een theater en een educatief centrum. Er worden regelmatig evenementen en culturele festivals georganiseerd.

Singapore Science Centre (buiten de kaart)

15 Science Road
www.science.edu.sg
di.-zo. 10–18, vr. tot 21 uur
ma. gesl., beh. op feestdagen
toegang S$ 6
MRT Jurong East, dan bus 335 tot Jurong Town Hall, tegenover het Science Centre uitstappen
Een bijzonder goed hightech-museum dat gewijd is aan de natuurwetenschappen. Er zijn meer dan duizend opstellingen; de meeste zijn interactief en noden tot aanraken en uitproberen. Als er honderden schoolkinderen binnenvallen, kan het er echter nogal rumoerig zijn. Het aangrenzende **Omni Theatre** heeft een grote **Imax-bioscoop**, waar driedimensionale films over natuurwetenschappelijke onderwerpen te zien zijn (uiteenlopende aanvangstijden; toegang ca. S$ 10).

Parken en tuinen

Hoogtepunt 10

Botanic Gardens (buiten de kaart)

Cluny Road / hoek Holland Road
tel. 64 71 73 61
www.sbg.org.sg

dag. 5–24 uur, toegang gratis
MRT Orchard en 15 min. lopen, of bus
7, 105, 106, 123 of 174 vanaf
Orchard Boulevard naar Botanic
Gardens, Tanglin Road
Deze oase van rust vlak bij Orchard
Road is 52 ha groot en omvat ligwei-
den, een palmentuin, een klein restant
primair regenwoud en de **National
Orchid Garden**, met meer dan 60.000
planten de grootste orchideeënverza-
meling ter wereld (dag. 8.30–19 uur,
toegang S$ 5). In 1877 kweekte Henry
Ridley, een van de eerste directeuren
van de tuin, hier van gestolen Brazili-
aanse zaden de eerste rubberbomen
van Azië – waarmee hij aan de basis
stond van de omvangrijke rubberin-
dustrie in Maleisië en Indonesië.

Bukit Timah Nature Reserve (buiten de kaart)

177 Hindhede Drive (zijweg van
Upper Bukit Timah Road)
Visitor Centre dag. 8.30–18 uur
tel. 18 00 468 57 36
toegang gratis
MRT Newton, dan bus 171, bij halte
B03 uitstappen
Dit 164 ha grote natuurreservaat omvat
het laatste wat grotere restant van het
primaire regenwoud dat vroeger een
groot deel van het eiland bedekte. Bij
het Visitor Centre is een kaart verkrijgbaar waarop de belangrijkste paden zijn
ingetekend; alle routes zijn duidelijk
aangegeven. De brede Main Road voert
naar de Bukit Timah Hill, met 162 m het
hoogste punt van Singapore. U wordt er
waarschijnlijk begroet door een troep
langstaartmakaken – het is streng verboden om ze te voeren.

Fort Canning Park (D 7)

Fort Canning Rise; of via trappen
vanaf Hill Street, tegenover het

Funan Shopping Centre
MRT City Hall
De groene oase midden in de stad ligt
slechts 10 min. lopen van Orchard Road
en Clarke Quay. Voor de bewoners van
Singapore is het park een plek om zich
te ontspannen – compleet met ligwei-
den en majesteitelijke bomen als ban-
yans en met epifyten begroeide bomen
uit het regenwoud. Behalve allerlei vogels komen er ook vleermuizen, hage-
dissen en eekhoorntjes voor.
In de geschiedenis van de stad speelt
de heuvel een belangrijke rol. Omdat de
graven van hun koningen hier lagen
noemden de Maleiers hem vroeger *bukit larangang* ('verboden heuvel'). Het
graf van Keramat Iskandar Shah, in de
14e eeuw de heerser van Temasek (Singapore), bevond zich waarschijnlijk
achter het huidige kantoor van de bur-
gerlijke stand *(Registry of Marriages)*.
Hier is ook Javaans goud uit de 14e
eeuw gevonden, evenals een islamische
schrijn. Gouverneur Raffles liet er zijn
residentie bouwen, maar deze is halverwege de 19e eeuw afgebroken, om
plaats te maken voor een naar *viscount*
Canning genoemd militair fort. De bijbehorende ondergrondse bunkers werden in de Tweede Wereldoorlog door de
Britten gebruikt als Far East Command
Centre; hier besloot generaal Percival
op 15 februari 1942 voor de Japanners
te capituleren. Het complex, dat nu de
naam **Battle Box** draagt, is tegenwoordig een historisch museum (rondleidingen dag. 10–17 uur; S$ 8). Het
nabijgelegen **Fort Canning Centre**,
een voormalige kazerne, biedt onderdak aan het Singapore Dance Theatre
en de kookacademie **at-sunrice**, die
ook rondleidingen door de kruidentuin
(spice garden) verzorgt.
Het Centre rijst op boven **Fort Canning Green**, waar tegenwoordig veel

Bezienswaardigheden

openluchtconcerten worden gegeven – het bekendste is WOMAD (blz. 77). Nu gaat het er soms luidruchtig aan toe, maar halverwege de 19e eeuw lag hier een begraafplaats voor christenen. In de buurt van de twee gotische toegangspoorten zijn nog enkele oude grafstenen te zien. Ze zijn gedeeltelijk ingemetseld in de oude muren die Fort Canning Green aan twee kanten begrenzen.

Mandai Orchid Gardens (buiten de kaart)

Mandai Lake Road
di.-zo. 8–19 uur, ma. tot 18 uur
toegang S$ 3
MRT Ang Mo Kio, dan bus 138
Een kijkje in de grootste commerciële orchideëntuin van Singapore is goed te combineren met een bezoek aan de aangrenzende dierentuin en Night Safari. Kijk uit naar Vanda Miss Joaquim – deze bloem is het symbool van Singapore.

Sungei Buloh Wetland Reserve (buiten de kaart)

301 Neo Tiew Crescent
Visitor Centre tel. 67 94 14 01
ma.-za. 7.30–19 uur, in weekeinden en op feestdagen vanaf 7 uur
op werkdagen gratis toegang, za., zon- en feestdagen S$ 1
MRT Kranji, ma.-za. verder met bus 925, dan ca. 1 km lopen; op zon- en feestdagen stopt de bus in de buurt van de ingang
In 1989 werd een 139 ha groot mangrovebos en moerasland in de buurt van de Kranji-dam in het uiterste noordwesten van het eiland tot beschermd natuurgebied uitgeroepen. Goed aangegeven paden (soms met planken verstevigd) voeren door het vlakke, moerassige terrein. Met zijn ve-

le waterloopjes is Sungei Buloh een paradijs voor vogels. Vanuit gecamoufleerde observatieplekken *(bird hides)* ziet u wellicht een inheemse ijsvogel met blauwe rugveren, witte halsveren en witte buik *(white collared kingfisher)*, steltlopers als plevieren *(plovers)* en ruiters *(sandpipers)*, of enkele reigersoorten *(heron en egret)* die in het park broeden. In het Visitor Centre is een tentoonstelling ingericht; er is ook een plattegrond verkrijgbaar. Ga zo vroeg mogelijk, dan is er veel meer te zien en is het bovendien nog niet al te warm. Neem een insectenwerend middel mee! Een lange broek en hoofdbedekking zijn eveneens aan te bevelen.

Dierentuinen

Hoogtepunt

Jurong Bird Park (buiten de kaart)

2 Jurong Hill, Jurong
www.birdpark.com.sg
dag. 9–18 uur
toegang S$ 16, kinderen S$ 8
MRT Boon Lay, dan bus 194 of 251
In het grootste vogelpark van Zuidoost-Azië kan men gemakkelijk een halve dag doorbrengen. Op het uitgestrekte terrein (meer dan 20 ha) leven op omheinde terreinen, in kooien en in grote volières die voor het publiek toegankelijk zijn meer dan 9000 vogels: roofvogels, watervogels, papegaaien en lori's, Nieuw-Zeelandse kiwi's, Zuid-Amerikaanse toekans, Zuidoost-Aziatische neushoornvogels *(hornbills)* en zelfs pinguïns – achter glas in een gekoelde ruimte waar het net zo koud is als langs de kusten van Antarctica. Vanwege de uitgestrektheid van het terrein is het aan te raden gebruik te maken van de

Panorail (S$ 4). Twee hoogtepunten zijn **Lory Loft** met meer dan duizend vliegende, tamme lori's uit Australië, die met honing gevoerd mogen worden, en de enorme **Waterfall Aviary** met een regenwoud, een 30 m hoge waterval en 1500 vogels. De bijzonder interessante voorstellingen en demonstraties mag u niet missen (o.a. roofvogels om 10 en 16 uur; *Birds 'n' Buddies show* 11 en 15 uur).

12

Hoogtepunt

Singapore Zoo (buiten de kaart)
80 Mandai Lake Road
www.zoo.com.sg
dag. 8.30–18 uur
toegang S$ 15, combiticket voor Night Safari en Zoo S$ 28, tram S$ 5; kinderen halve prijs
MRT Ang Mo Kio, dan bus 138 of MRT Choa Chu Kang, dan bus 927

De uitgestrekte dierentuin op het noorden van het eiland is niet alleen de moeite waard vanwege het grote aantal dieren dat er te zien is, maar vooral door de fraaie aanleg van het terrein. De dierenverblijven zijn in een natuurlijke omgeving ingebed, waarbij grachten, vijvers en rotsen zoveel mogelijk de plaats innemen van hekken en kooien. Behalve dieren uit tropische en gematigde klimaatzones leven hier ook zeeleeuwen, pinguïns en ijsberen in gekoelde verblijven. Ook is er een aantal met uitsterven bedreigde diersoorten te zien, zoals orang oetans. Enkele keren per dag zijn er shows waarop dieren hun kunstjes laten zien *(Wonders of The Wild* 10.30 en 13 uur; olifanten 11.30 en 15.30 uur). Tijdens de over de hele dag verdeelde voedertijden vertellen de dierenverzorgers allerlei wetenswaardigheden over de verschillende dieren. *Childrens World* omvat een **kinderboerderij**, speeltuinen en een poedelbadje; om 12.30 en 16.30 uur is daar de *Animal Friends Show* te zien, met gedresseerde honden, ganzen, kippen en ratten.

Night Safari (buiten de kaart)
80 Mandai Lake Road
www.nightsafari.com.sg
dag. 19.30–24 uur
toegang S$ 20, combiticket voor de Night Safari en de dierentuin S$ 28; tram S$ 8, kinderen halve prijs
MRT Ang Mo Kio, dan bus 138, of MRT Choa Chu Kang, dan bus 927; of Bus Hub, tel. 67 53 05 06; deze bus rijdt tweemaal per avond in ca. 25 min. vanaf een vaste halte in de buurt van Orchard Road en Little India rechtstreeks naar Night Safari, terug 3–4 x per avond (S$ 4 enkele reis; reserveren aan te bevelen)

De enigszins verwarrende naam heeft niets te maken met een safaritocht, maar met een grote dierentuin die alleen 's avonds geopend is. Het 40 ha grote terrein aan het stuwmeer Upper Seletar Reservoir in het noorden van het eiland grenst aan de Singapore Zoo en is verdeeld in twee helften (de East en West Loop). Er leven ongeveer duizend nachtdieren, waaronder enkele met uitsterven bedreigde soorten. Door de East en West Loop rijdt een trammetje via een rondgaande route – de bestuurder geeft informatie over de dieren die te zien zijn. Men kan bij tal van haltes uitstappen en lopend over een van de paden verder gaan. *Walking trails (Leopard, Giant Forests* en *Fishing Cat Trail,* in totaal 2,8 km) voeren dieper het regenwoud in. Een voorstelling van een half uur (om 20, 21 en 22 uur) is bij de prijs inbegrepen.

Uitstapjes

Pulau Ubin

De overtocht van Changi Jetty naar het 'graaneiland' duurt maar een minuut of tien, maar als u uit de boot stapt bevindt u zich opeens in een heel andere wereld – een wereld zonder genummerde woonblokken, asfaltwegen, golfbanen, pretparken en luxe hotels. Het enige wat u hier vindt zijn een paar *kopi tiams*, een winkeltje en enkele kampong-huizen te midden van welig tierende tropische plantengroei. Het langgerekte, 10 km^2 grote eiland kunt u het best per fiets verkennen – bij de *jetty* (aanlegsteiger) zijn verschillende verhuurbedrijfjes (S$ 6–8 per dag).

De route voert langs vijvers waar vroeger vis en garnalen werden gekweekt, een aantal verwaarloosde rubber-, doerian- en kokosplantages en een oude steengroeve waar graniet werd gedolven. Deze staat nu vol water (zwemmen verboden). Het secundaire regenwoud dat een aantal voormalige plantages overwoekert biedt een ideaal broedgebied voor tal van vogelsoorten. Met een beetje geluk krijgt u zelfs een neushoornvogel *(hornbill)* te zien.

Een geliefde bestemming op het noordwesten van het eiland is de **Thaise tempel** bij de Kekek Quarry. **Chek Jawa** in het oosten is een uniek, slechts 1 km^2 groot beschermd natuurgebied.

Het is alleen aan de felle protesten van natuurbeschermers te danken dat het eiland niet is opgeslokt door een landwinningsproject van de Singaporese regering. De verschillende ecosystemen, zoals zeegrasvelden, mangrovemoerassen, een wad en de restanten van een oud koraalrif, vormen het domein van een rijke fauna en flora, zoals zeesterren, zeeanemonen, zeepaardjes, stekelroggen en kreeften.

Bij de kiosk van het **National Parks Office** aan de steiger is een kleine, maar interessante tentoonstelling over de natuur van dit gebied ingericht; u kunt er ook terecht voor een kaart van het eiland. Voor een bezoek aan Chek Jawa (trek stevige schoenen aan, geen sandalen!) moet men zich zo vroeg mogelijk van tevoren aanmelden: tel. 65 42 41 08. De website www.focusubin.org biedt veel informatie die zowel voor bezoekers als voor natuurbeschermers interessant is.

MRT naar Tanah Merah, dan verder met bus nr. 2 naar Changi Village Interchange. Vanaf de Changi Jetty (de aanlegplaats) verder met een *bumboat*, die van ongeveer 6–21 uur vaart. Er is geen vaste dienstregeling en de boten varen alleen als er voldoende passagiers zijn. De kosten bedragen S$ 2 enkele reis.

Kusu Island en St John's Island

Volgens een legende is het kleine **Kusu Island** ontstaan doordat een zeeschildpad zichzelf in een rots veranderde om twee schipbreukelingen (een Maleier en een Chinees) het leven te redden. Een Maleise schrijn en een Chinese tempel herinneren hieraan. In de negende maand van de Chinese kalender bezoeken duizenden pelgrims de Tua Pekong (Da Bogong)-tempel op Kusu en zijn de veerboten afgeladen .

Wie wil zonnebaden en zwemmen kan beter een bezoek brengen aan **St John's Island**. Op dit eiland lijkt de grote stad ver weg, maar vanwege de kunstmatig aangelegde badvoorzieningen, strakke paden, barbecues, kampeerterreinen en voetbalvelden hoeft u er geen ongerepte natuur te verwachten. Bij een cafetaria zijn drinken en enkele levensmiddelen te koop; bij de openbare toiletten bevinden zich ook douches.

 Vanaf de **Sentosa Ferry Terminal** met Penguin Cruises, tel. 62 71 48 66. Vertrek ma.-za. 10 en 13.30 uur, zo. om de 2 uur tussen 9 en 17 uur. De laatste boten terug vertrekken ma.-za. om 15.15 uit Kusu, om 14.45 uur uit St John's, zo. om 17.50 uur uit Kusu en om 18.15 uur uit St John's, S$ 11, kinderen S$ 8. Duur van de tocht naar Kusu ongeveer 15 min., naar St John's ongeveer 45 min.

Sentosa Island

Dit ongeveer 5 km² grote eiland ligt pal ten zuiden van Singapore, slechts 500 m van het HarbourFront-complex, en is met het 'vasteland' verbonden door een dam (*causeway*). Vóór de komst van de Britten was het eiland een begraafplaats van zeerovers en stond het bekend onder de naam Pulau Blakang Mati ('eiland achter de dood'). In 1972 werd het omgedoopt in Sentosa (Maleis: rust en vrede) en werd een begin gemaakt met de bouw van het eerste themapark van Singapore.

Sentosa lijkt in niets op Pulau Ubin: tot op de laatste vierkante meter is alles hier zorgvuldig gepland. De in totaal 3,2 km lange zandstranden in het zuiden zijn opgespoten met sneeuwwit zand uit Indonesië en Maleisië. Toch vindt u er naast talrijke attracties, vier hotels en enkele golfbanen nog verrassend veel natuur. In het westen van het eiland loopt de **Dragon Trail**, een educatief pad, door het natuurreservaat Mt Imbiah.

Net als voor de omgeving van Marina Bay bestaan er ook voor Sentosa

Informatie over Sentosa

De brochure **Sentosa Island Guide** bevat een kaart en veel praktische informatie: een compleet overzicht van alle attracties (met korte beschrijving, openingstijden en toegangsprijs), eethuisjes, accommodatie, winkels en openbaar vervoer. Als u een aantal bezienswaardigheden wilt bezoeken, is het goedkoper om een **all-in-kaart** aan te schaffen. Deze is o.a. te koop bij de Visitor Arrival Centres (op het busstation of de Cable Car Terminal); hier kunt u ook terecht voor de brochure en andere informatie; www.sentosa.com.sg

ambitieuze plannen: het eiland, tot op heden een toeristische trekpleister met nogal kitschige attracties voor de grote massa, moet in 2012 omgetoverd zijn in een 'luxueus vakantieoord van wereldklasse'. De nieuwe monorail Sentosa Express, die sinds januari 2007 in bedrijf is, rijdt tussen HarbourFront (aansluiting op MRT) en twee stations op het eiland. Als alle plannen doorgaan zullen er bij Sentosa Cove in het oosten particuliere appartementen worden gebouwd, komen er nog drie luxeuze hotels bij en zal een nieuw casino – na Marina Bay het tweede van Singapore – in 2010 zijn deuren openen. Overigens stuit het laatstgenoemde project zelfs bij de gezagsgetrouwe bevolking van Singapore op flink wat weerstand.

Tot het zover is, is Sentosa in elk geval een ideale bestemming voor een ontspannen dagje aan het strand, waarbij er nog tijd genoeg overblijft voor een bezoek aan enkele attracties.

Hier zijn alleen de bezienswaardigheden beschreven die u niet mag missen, zoals het **Butterfly Park** en **Insect Kingdom** met ongeveer 1500 vlinders in een mooi aangelegde tuin en 3000 soorten insecten (dag. 9–18.30 uur; toegang S$ 10).

De grootste attractie van het magnifieke **Underwater World** (dag. 9–21 uur, toegang S$ 20) is een 83 m lange tunnel van plexiglas die dwars door een reusachtig aquarium slingert. De bezoekers zijn hier letterlijk omringd door de bewoners van tropische zeeën. Al even fascinerend zijn de afzonderlijke aquariums met zeepaardjes, levende fossielen als de longvis, gracieuze, veelkleurige kwallen en een zeekoe (dugong). Trek voor een bezoek minstens twee uur uit; tijdens de voedertijden geven de verzorgers uitleg. De **Dolphin Lagoon** aan Palawan Beach (10–15 min. met de Red Line-bus) maakt ook deel uit van Underwater World; de show *Meet the Dolphins* is bij de toegangsprijs tot Underwater World inbegrepen (dag. 11, 13.30, 15.30 en 17.30 uur).

Images of Singapore bij de Imbiah Lookout biedt met diorama's en multimedia-effecten een aanschouwelijk beeld van de ontwikkeling van Singapore van vissersdorp tot wereldstad – hoewel het geheel soms een wat erg brave indruk maakt is het een interessant museum, vooral als u nog niet in het National Museum bent geweest (dag. 9–19 uur; toegang S$ 10).

Een andere historische bezienswaardigheid is **Fort Siloso** op de westelijke punt van het eiland. Deze militaire versterking heeft een belangrijke rol

De Slag om Singapore

Aan het begin van de Tweede Wereldoorlog maakte het zwaar bewapende Fort Siloso, samen met elf vergelijkbare versterkingen langs de kust, deel uit van de onneembaar geachte 'Vesting Singapore', die met hulp van de Britten Singapore tegen de Japanners moest verdedigen. De aanval kwam echter niet, zoals de Britten hadden verwacht, vanaf zee, maar via het Maleisische schiereiland. In de 'Battle of Singapore' wisten de Britten acht dagen weerstand te bieden, tot ze ten slotte op 15 februari 1942 capituleerden. Circa 80.000 Britse, Australische en Indiase soldaten werden krijgsgevangen gemaakt. Singapore werd omgedoopt tot Syonan-to ('Licht van het zuiden') en bleef meer dan drie jaar onder Japanse bezetting.

In een glazen tunnel door het aquarium van Sentosa Underwater World

gespeeld in een van de meest dramatische gebeurtenissen in de geschiedenis van het eiland: de Slag om Singapore in de Tweede Wereldoorlog. Fort Siloso is een enorm complex met geschutsstellingen, bunkers, kazernes en tunnels, die de bezoekers op eigen gelegenheid kunnen verkennen. In een aantal tentoonstellingen worden de gebeurtenissen in beeld en geluid gedocumenteerd; de ondertekening van de capitulatie wordt in de Surrender Chambers met behulp van wassen beelden aanschouwelijk gemaakt (dag. 10–18 uur, de deur sluit om 17 uur, S$ 8).

Op zondagen is het vooral op de stranden erg druk; op feestdagen en in de zomervakantie is het er meestal zo vol dat u uw bezoek beter tot een andere dag kunt uitstellen. Toegang tot het eiland S$ 2.

 MRT HarbourFront, daar overstappen op de monorail Sentosa Express (S$ 3 incl. toegang), de Sentosa-bus (S$ 1) of lopend over de Causeway.

Kabelbaan (Cable Car): in 12 min. vanaf Mount Faber via Cable Car Towers bij het HarbourFront-gebouw (dag. 8.30–23 uur; S$ 11, cabine met glazen bodem S$ 15). Toegang tot Mount Faber: za., zon- en feestdagen vertrekt een gratis pendelbus tussen 7 en 3 uur 's morgens elk half uur van HarbourFront Coach Bay; overdag op werkdagen moet u echter een taxi nemen.

SIA Hop-on bus (zie blz. 27), de tweede lijn van deze busdienst die speciaal voor toeristische doeleinden in het leven is geroepen, rijdt dag. 10–18 uur vanaf Clarke Quay naar Sentosa en weer terug. Laatste vertrek van Sentosa om 21.45 uur.

Transport op het eiland: er zijn vier busroutes (Red Line, Blue Line, Green Line, Yellow Line), evenals de *beach tram*.

105

Extra-

Vijf extra-routes door Singapore

Alle Extra-routes zijn op de grote kaart ingetekend

routes

3. Oud en nieuw in Chinatown – Een wandeling door de Chinese wijk
4. Een feest voor de zintuigen – Little India
5. Het dagelijks leven in de Maleise wijk – Een wandeling door Katong

Winkelen, winkelen en nog eens winkelen

Orchard Road, de Kalverstraat van Singapore

Naast eten is winkelen zonder enige twijfel de tweede grote obsessie van de inwoners van Singapore. Al vele jaren is Orchard Road de voornaamste winkelstraat. Op zaterdagmiddag en zondag zijn de winkelcentra en de brede zijstraten van Orchard Road afgeladen – veel Singaporezen gebruiken de weinige vrije tijd die ze hebben om inkopen te doen.

De meeste reusachtige complexen aan Orchard Road zijn veel meer dan winkelcentra met airconditioning. Hier kan men uren doorbrengen met etalagekijken, winkelen, eten, mensen ontmoeten, lunchen, een modeshow bezoeken, of in een Multiplex-bioscoop een film zien. De meeste winkelcentra richten zich op een specifieke doelgroep, merkbaar aan het type winkels, cafés en eethuisjes, evenals aan de sfeer die er heerst.

De woning van de president

Het MRT-station **Dhoby Ghaut** heeft zijn naam te danken aan de Indiase waslui *(dhobies)*, die hier meer dan honderd jaar geleden kleren wasten in het Stamford-kanaal. Er staan twee winkelcentra: de **Park Mall** is gespecialiseerd in meubels en interieurverzorging, **Plaza Singapura**, ertegenover, is een winkelcentrum voor het hele gezin.

Te midden van het uitgestrekte park achter de Plaza Singapura verrijst het **Istana** (paleis), ooit de residentie van de gouverneur en tegenwoordig de woning van de president. Het complex is meestal niet toegankelijk. Mocht u toevallig in Singapore zijn als er wel publiek wordt toegelaten, dan kunt u zich bij de lange rij wachtenden aansluiten. Buitenlandse bezoekers worden alleen toegelaten als ze hun paspoort kunnen laten zien.

Eten in de openlucht

Het kleine **Cuppage Terrace**, wat verder aan dezelfde kant van de straat, biedt onderdak aan een aantal restaurants; ertegenover ligt de **H2O Food Zone** met goedkope eethuisjes in de openlucht. Als u verder loopt over Orchard Road komt u langs **Centrepoint**, een goed winkelcentrum, en het openluchtcomplex **Peranakan Place**. In de tijd van de Britse koloniale overheersing lag hier en rond de aangrenzende **Emerald Hill Street** een muskaatnotenplantage, die aan het eind van de 19e eeuw in percelen werd opgedeeld en verkocht. In de jaren tachtig van de vorige eeuw, de tijd van de grote saneringen, werd de wijk Emerald Hill niet afgebroken, maar zorgvuldig gerestaureerd. Tegenwoordig is het hier in de cafés, bars en restaurants vanaf vroeg in de middag tot diep in de nacht een komen en gaan.

Het toppunt van luxe

The Heeren, ongeveer halverwege Orchard Road, is evenals **Cineleisure Orchard** ertegenover een populair ontmoetingspunt voor trendy jongeren. De **Mandarin Gallery** in het Meritus Mandarin Hotel en het **Paragon** zijn allebei gespecialiseerd in merkkleding. Het complex **Ngee Ann City** met zijn twee torens en de wijnrode glimmende voorgevel stelt alle andere winkelcentra in de schaduw. Ngee Ann City wordt dikwijls ook aangeduid als **Takashi-maya** (of eenvoudig 'Taka'), naar het luxeueze Japanse warenhuis dat er gevestigd is. Alle grote namen in de wereld van luxe-artikelen, zoals Cartier, Fendi en Vuitton, zijn hier vertegenwoordigd. Op het Civic Plaza voor de ingang vertonen muzikanten en straatartiesten hun kunnen. Voetgangerstunnels verbinden Ngee Ann City met het **Paragon**, schuin ertegenover, en het aangrenzende **Wisma Atria**.

Van sjofel tot luxueus

Het veel eenvoudiger **Lucky Plaza** naast het Paragon maakt met zijn 1001 piepkleine winkeltjes bijna een verfrissende indruk. Het Singapore Marriott Hotel, op de kruising van Scotts Road, is al van verre te herkennen aan zijn Chinese pagodes en biedt onderdak aan het kwaliteitswarenhuis **Tangs**. De eerste 500 m van Scotts Road horen ook bij de winkelwijk.

Aan het eind van Orchard Road vindt u onder andere het exclusieve **Wheelock Place** (herkenbaar aan een kegelvormig glazen dak), de **Liat Towers**, het al wat oudere winkelcentrum **Far East**, het **Hilton** met zijn exclusieve winkelcentrum en tenslotte **Forum The Shopping Mall**, gespecialiseerd in speelgoed, kinderkleding e.d. Ertegenover vormt de in een oude villa gevestigde en door een tuin omringde **Thaise ambassade** een welkome afwisseling van het eeuwige glas en beton.

Met **Palais Renaissance**, de **Orchard Towers** (waar tientallen pubs en – soms louche – bars zijn ondergebracht) en nog twee hotels komt er een einde aan Orchard Road. De straat maakt een bocht en heet daarna Tanglin Road. Hier verrijzen nog twee luxeueze winkelcentra: **Tanglin Shopping Centre** en **Tanglin Mall**. Een eindje voor de Botanic Gardens eindigt de winkelstraat.

Route-informatie

Start: MRT Dhoby Ghaut.
Duur: voor ontspannen etalagekijken in een paar winkelcentra en twee pauzes om wat te drinken moet u ca. drie tot vier uur uittrekken.
Lengte: ongeveer 3 km.
Beste tijd van de dag: elke dag tussen 10 en 21 uur. Wie de grote drukte voor wil zijn, kan het beste op werkdagen voor 17 uur gaan.
Eten en drinken: er zijn honderden mogelijkheden. Een ontbijt met *kaya toast* en koffie in Killiney Kopitiam, 67 Killiney Road (MRT Somerset); Mövenpick Marché in The Heeren. *Food courts* met een grote keuze vindt u o.a. in Wisma Atria, Scotts Shopping Centre (om de hoek van Marriott in Scotts Road) en in de Tanglin Mall.

Cultuur en historie

Van het National Museum naar het Merlion Park

In 2006 werd het gerenoveerde **Singapore National museum** (D 7, zie blz. 98) heropend. Een bezoek is alleen al de moeite waard vanwege de innovatieve architectuur. Schuin ertegenover, aan Bras Basah Road, geeft de vaste collectie van het **Singapore Art Museum** (E 7; zie blz. 97) een goede indruk van de hedendaagse kunst in Singapore en andere Zuidoost-Aziatische landen.

Het onafhankelijke culturele centrum **Substation** (D/E 7) in Armenian Street heeft een grote bijdrage geleverd aan het culturele leven van Singapore. In de **Old Tao Nan School**, een verblindend witte villa van drie verdiepingen hoog, wordt begin 2009 een peranakan-museum geopend.

Onderweg terug naar Bras Basah Road komt u langs de **Armenian Church** (E 7, zie blz. 91) en het Convent of the Holy Infant Jesus, een voormalig kloostercomplex dat begrensd wordt door Victoria Street, Bras Basah, North Bridge en Stamford Road. Tegenwoordig biedt het complex, dat nu **Chijmes** (E 7; zie blz. 92) wordt genoemd, onderdak aan een groot aantal winkeltjes, restaurants, bars en clubs.

De 'doerians'

Op de achtergrond verrijst het door I. M. Pei ontworpen **Raffles City Shopping Centre** (E 7). Een van de luxeueze hotels die deel uitmaken van het centrum, het Swissôtel The Stamford, overschaduwt met zijn 73 verdiepingen hoge toren het ertegenover gelegen historische **Raffles Hotel** (E 7, zie blz. 39, 93). Aan de overkant, op de open ruimte voor het Raffles City Shopping Centre, verrijst het **War Memorial**, dat door de plaatselijke bevolking vanwege zijn vorm Chop Sticks Memorial ('Eetstokjesmonument') wordt genoemd. Het is opgetrokken ter herinnering aan de slachtoffers van de Japanse bezetting.

Het culturele centrum **Esplanade – Theatres on the Bay** (E 8, zie blz. 79) heeft ook een bijnaam: inwoners van Singapore noemen het 'The Durians' – de twee aan elkaar grenzende gebouwen met hun daken in de vorm van een stekelige halve bol doen sterk aan deze vrucht denken.

De regeringswijk

De geschiedenis van het grote open terrein ten westen van het culturele centrum, de **Padang** (E 8; Maleis: vlakte), gaat terug tot de koloniale tijd. Op het grasveld vermaakte de *high society* zich vroeger met voetbal, hockey of cricket.

De twee statige gebouwen met Corinthische zuilen ten westen van de Padang zijn de **City Hall** en het **Old Supreme Court.** Daarachter verrijst het nieuwe gebouw van het Hooggerechtshof (E 8); het heeft een rond dak dat wel wat aan een UFO doet denken. Ook het **parlement** is enkele jaren geleden verhuisd naar een nieuw onderkomen, waarvan de ingang zich aan North Bridge Road bevindt. Het vroegere parlementsgebouw biedt nu onderdak aan het **Arts House**. Het gebouw ernaast, dat wordt bekroond door een hoge klokkentoren, is eveneens aan cultuur gewijd: hier zijn het **Victoria Theatre** en de **Concert Hall** gevestigd. Het uitstekende **Asian Civilisations Museum** (E 8; zie blz. 96) in het gerenoveerde Empress Place Building (1865) ligt op een prachtige plek aan de monding van de Singapore River.

River People en fabeldieren

Sir Stamford Raffles komt u hier twee keer tegen: het uit brons gegoten oorspronkelijke beeld staat in het parkje voor het Victoria Theatre en de Concert Hall, een kopie van witte kunststof bevindt zich bij de **Raffles Landing Site** (E 8) aan de oeverpromenade, waar de stichter van de stad naar verluidt zijn eerste stap op de bodem van Singapore zette. De bijna levensgrote bronzen beelden van de **People of the River** langs de promenade geven een levendige indruk van de mensen die de Britse handelspost bevolkten: koelies, zakenlui, koloniale ambtenaren en geldwisselaars. Aan de overkant van de **Cavenagh Bridge** springen overmoedige jongens in de Singapore River – in een bevroren beweging hangend in de lucht, want ook zij zijn van brons. Op de achtergrond verheft zich het neoclassicistische **Fullerton** (gebouwd in 1928; E 9), ooit het hoofdpostkantoor (GPO) van de stad en nu een uiterst luxueus hotel.

Een ondergrondse passage verbindt het met **Fullerton One**, een complex met bars en restaurants onder een gewelfd dak vlak aan Marina Bay. De tocht eindigt bij het symbool van Singapore, het **Merlion** – een voor reclamedoeleinden verzonnen fantasiefiguur met het lichaam van een vis en de kop van een leeuw. Kitscherig of niet – tegen de achtergrond van het voorname Fullerton Hotel en de hoog oprijzende wolkenkrabbers erachter is het een geliefd fotomotief, vooral in de avondschemering.

Route-informatie

Start: MRT Dhoby Ghaut.
Duur: ongeveer 5 tot 6 uur als u veel tijd in de musea wilt doorbrengen, anders ongeveer 2,5–3 uur.
Beste tijd van de dag: u kunt het beste om een uur of 10 beginnen, of anders later in de middag. **Tip**: wie moe is, kan een *bumboat* van de Raffles Landing Site of de daar tegenover gelegen Boat Quay nemen naar het Merlion-beeld.
Eten en drinken: alle musea hebben een uitstekend eigen restaurant of café. Ah Teng's Bakery in het Raffles Hotel is een goed adres voor koffie met gebak; *food courts* vindt u in Raffles City en het culturele centrum Esplanade.
Voor een drankje aan het begin van de avond: Bar Opiume (Asian Civilisations Museum), New Asia Bar (Swissôtel), Post Bar (Fullerton) of een bar in het Fullerton One of het Raffles Hotel.

Extra-route 3

Oud en nieuw in Chinatown

Een wandeling door de Chinese wijk

Ongeveer driekwart van de bevolking van Singapore bestaat uit Chinezen – men kan zich dus afvragen hoe het komt dat er een aparte Chinese wijk is. Dit is te danken aan Raffles, die in 1823 de verschillende bevolkingsgroepen van de nieuwe Britse handelspost elk hun eigen wijk toewees. Op die manier hoopte hij etnische spanningen te vermijden.

Van vissersdorp tot uitgaanswijk

Ooit was Tanjong Pagar een vissersdorpje, maar naarmate het belang van de haven toenam ontwikkelde het zich tot een ongure havenwijk vol louche kroegen, speelholen, opiumkitten en bordelen. In de chique voormalige winkelpanden van het gerenoveerde historische Tanjong Pagar tussen Tanjong Pagar Road en Neil Road zijn nu tal van cafés en karaokebars (sommige met een twijfelachtige reputatie) gevestigd; deze wijk en het aangrenzende Chinatown vormen het favoriete uitgaansgebied van de zich steeds openlijker manifesterende homoscene van Singapore.

Clangenootschappen

In de omgeving van Neil Road, Bukit Pasoh Road en Keong Saik Road hebben de Chinese clangenootschappen van oudsher grote invloed. Nieuwe immigranten uit China, die in Singapore naar werk en onderdak zochten, werden opgevangen in de *club houses* van deze genootschappen.

Tea Chapter in Neil Road is de beste gelegenheid om een Chinese theeceremonie mee te maken – een verbazingwekkend ingewikkelde en langdurige procedure. Bij de kruising van Neil Road en Maxwell Road ligt het **Jinriksha-station**. Vroeger was dit het zogenaamde riksjastation; van hieruit zwermden de met de hand getrokken riksja's over de stad uit. Via Kadanyallur Street komt u in het meest trendy gedeelte van Chinatown: **Ann Siang Road**, **Ann Siang Hill** en **Club Street**. Club Street heeft zijn naam overigens niet te danken aan de vele bars en clubs die er nu te vinden zijn (evenals moderne boetieks met merkkleding, yoga- en wellnessstudio's), maar aan de Chinese Entertainment Club uit 1891 en andere clubs van clangenootschappen uit de 19e eeuw.

Moskeeën en tempels

Via **Cross Street** komt u in een wijk die vroeger vooral werd bewoond door

Chinezen uit de provincie Hokkien. Tijdens de periode van economische voorspoed van de Straits Settlements in de 19e eeuw trokken niet alleen Chinezen naar Singapore; ook duizenden immigranten van het Indiase subcontinent beproefden hun geluk in de stad. Deze nieuwkomers bouwden hun tempels eveneens in Chinatown.

In het kleine **Fuk Tak Chi-museum** in Telok Ayer Street (dag. 10–22 uur; toegang gratis), dat gevestigd is in een voormalige tempel, zijn interessante memorabilia en oude foto's uit Chinatown te zien.

Nagore Durgha, op de hoek van Boon Tat Street, werd in de jaren twintig van de 19e eeuw gebouwd door moslims uit Zuid-India en heeft later dienst gedaan als moskee. Het gebouw is opgetrokken in een interessante combinatie van westerse en islamitische stijlen. De oude **Thian Hock Keng-tempel**, een klein eindje verder, is een typisch voorbeeld van een taoistische tempel (zie blz. 95). In vergelijking daarmee is de nabijgelegen tussen de winkelpanden ingeperste **Al-Abrarmoskee** tamelijk onopvallend.

Het hart van Chinatown

Keer vervolgens terug naar het levendigste deel van Chinatown: **Kreta Ayer**, de vierhoek tussen Cross Street, South Bridge Road, Sago en Smith Street en New Bridge / Eu Tong Sen Road. De twee andere belangrijke godsdienstige gebouwen van South Bridge Road zijn niet over het hoofd te zien: de **Jamae-moskee** met zijn hoge, achthoekige minaret en de oudste hindoetempel van de stad, de **Sri Mariamman-tempel**, die meteen herkenbaar is aan de met overdadig beeldhouwwerk versierde toegangstoren (zie blz. 94).

Geschenken voor de doden

De **avondmarkt** van Pagoda Street, Trengganu Street en Sago Street is hoofdzakelijk op toeristen gericht. In **Smith Street (Food Street)** kunt u even uitrusten en bij een van de vele kraampjes een hapje bestellen.

De *death houses* (huizen waar mensen die op sterven lagen heen werden gebracht) van **Sago Lane** zijn al lang verdwenen, maar nog altijd zijn bij veel winkels in Chinatown grafgeschenken van papier of papier-maché verkrijgbaar. Hier is alles te koop wat ook in de geestenwereld het leven gemakkelijker maakt: mobieltjes, huizen, auto's, cognac, een gouden creditcard en vooral veel (papier-)geld – als het wordt verbrand komt het terecht in de wereld van de dode zielen.

Eu Tong Sen Street is samen met **New Bridge Road** de belangrijkste straat van Chinatown. Het oude **Majestic Hotel**, een schitterend gerenoveerd art déco-gebouw (tegenwoordig een winkelcentrum), staat ingeklemd tussen lelijke winkelcentra uit de jaren zeventig van de vorige eeuw.

Route-informatie

Start: MRT Tanjong Pagar.
Duur: 3–4 uur.
Beste tijd van de dag: vermijd de middaghitte. U kunt het beste ofwel 's morgens rond 9 uur of 's middags rond 15 of 16 uur beginnen.
Eten en drinken: er zijn tal van *food centres*, zoals Maxwell Road Food Centre schuin tegenover het Jinriksha-station en Far East Square in Cross Street, evenals veel eetstalletjes in het People's Park Complex en vanaf 15 uur in Smith Street.

Een feest voor de zintuigen

Little India

Singapore is weliswaar in de eerste plaats een door de Chinese cultuur beinvloede stad, maar er wonen ook tal van minderheden. De meest in het oog springende – zij het getalsmatig niet de grootste – wordt gevormd door de Indiërs. De kleine wijk die Raffles oorspronkelijk aan de Indiërs had toegewezen is ook nu nog het middelpunt van de Indiase gemeenschap in Singapore.

Little India, dat compacter is dan Chinatown, heeft nauwelijks bezienswaardigheden in de eigenlijke zin van het woord. De aantrekkingskracht van deze wijk wordt vooral gevormd door het kleurrijke straatleven met zijn exotische geuren, kleuren en klanken. De beste manier om Little India te leren kennen is eenvoudig wat rondslenteren. De mogelijkheden zijn te veel om op te noemen: een kijkje nemen bij een kruidenwinkeltje, toekijken hoe de betelnootverkopers *paan* (een licht verslavend mengsel van betelnoot en kalk) bereiden en in palmbladeren wikkelen, rondneuzen in een van de vele textielwinkels of u verbazen over de reusachtige gouden sieraden in de etalages van de juweliers.

Een kaleidoscoop van geuren, kleuren en klanken

Recht tegenover het MRT-station Little India ligt het drukke **Zhu Jiao Centre** (ook Tekka Centre genoemd), een markt van een aantal verdiepingen waar ook een *food centre* gevestigd is. Aan de andere kant van **Serangoon Road**, de hoofdstraat van de wijk, vindt u de moderne airconditioned **Tekka Mall**, waar eveneens van alles te koop is, van vlees tot textiel.

In een rij gerestaureerde winkelpanden in de aangrenzende **Little India Arcade** heerst de sfeer van een traditionele oosterse bazaar. De lucht is er vervuld van de geur van wierook, uit luidsprekers schallen de nieuwste hits uit Bollywood, piepkleine winkeltjes verkopen glinsterende armbanden, sigaretten, Indiase tijdschriften en posters van Indiase filmsterren of hindoegoden. In **Campbell Lane** en **Dunlop Street** gaat het leven zijn gewone gangetje; in de rommelige Indiase winkeltjes zijn levensmiddelen, batterijen en wat al niet meer te koop; een verkoper van bloemenslingers vlecht zijn bloemen, in andere winkeltjes kunt u terecht voor sari's, zijden sjaals en dergelijke (een van de beste is **Haniffa Textiles**, 104 Dunlop Street).

In Dunlop Street, niet ver van Perak Road, staat de **Abdul Ghaffoor-**

moskee (zie blz. 91), een in vergelijking met andere moskeeën in Singapore opvallend rijkversierd gebouw.
In **Cuff Road**, even voor Serangoon Road, duiden de doordringende geuren van geelwortel, komijn, kruidnagel en ontelbare andere specerijen op een winkel waar zowel verpakte als vers gemalen kruiderijen te koop zijn *(Spice Mill,* di.-zo. ca. 6.30–18.30 uur).
Iets bijzonders zijn de etalages van de talrijke **juweliers** in Serangoon Road. Gouden sieraden dienen van oudsher als bruidsgeschenk voor een vrouw, en blijven ook haar eigendom – een soort persoonlijke goudreserve voor slechte tijden.

Hindoeïstische en boeddhistische tempels

De hoog oprijzende, met kakelbonte beelden overdekte toegangspoort tot de hindoetempel op de hoek van Bellilos Road en Serangoon Road is al van verre te zien. De **Sri Veerakaliamman**, gewijd aan de godin Kali, is een van de indrukwekkendste hindoetempels van de stad. Op de als heilig beschouwde dagen dinsdag en vrijdag brengen veel gelovigen een bezoek aan deze tempel om er te bidden, een offer te brengen en de godin om bijstand te smeken.
Aan de noordelijke rand van Little India, aan Syed Alwi Road, ligt het **Mustafa Centre**, het eerste winkelcentrum van Singapore dat 24 uur per dag geopend was. Het is in feite de zes verdiepingen hoge overdekte markt – hier is letterlijk alles voor uiterst gunstige prijzen te koop.
Voordat u ten slotte bij station Farrer Park de MRT neemt, kunt u nog een kijkje nemen in een paar tempels in deze wijk. De hindoeïstische **Sri Srinivasa Perumal-tempel** (zie blz. 94) op de hoek van Perumal Road en Serangoon Road is aan Vishnu (ook wel Perumal genoemd) gewijd.
De **Leong San Buddhist Temple** in Race Course Road, die vanwege de buitengewoon gedetailleerde aardewerken draken op het dak ook bekend staat als Dragon Mountain Temple, is een Chinees heiligdom. In de grote hal zijn beelden te zien van Kuan Yin, de godin van de barmhartigheid, en van Boeddha.
Schuin ertegenover staat de **Temple of 1000 Lights** (zie blz. 95), een boeddhistische tempel in de stijl van een Thaise *wat.* Het boeddhabeeld in de tempel is eigenhandig vervaardigd door een Thaise monnik.

Route-informatie

Start: MRT Little India.
Duur: 2–3 uur, langer als u ook gaat winkelen.
Beste tijd van de dag: het beste vroeg in de morgen op een werkdag, als het nog (tamelijk) koel is, of laat in de middag. In het weekeinde, vooral op zondag, is het erg druk; er komen dan niet alleen stedelingen, maar ook grote aantallen gastarbeiders uit Maleisië en Indonesië, die hier hun vrije dag doorbrengen.
Eten en drinken: ontbijten in het Zhu Jiao Centre. Een verfrissende *salt lassi* (een karnemelkdrankje) en een hapje eten in een vegetarisch restaurant. Lunch en diner in een van de talrijke Noord- en Zuid-Indiase eethuisjes in Chandler Road en Race Course Road; in de laatste vindt u enkele *fish head curry*-restaurants waar klanten uit de hele stad op afkomen.

Extra-route 5

Voorgevel in de Maleise wijk Geylang

Het dagelijks leven in de Maleise wijk

Een wandeling door Katong

Hoewel Geylang Serai en Katong (kleine kaart) niet al te ver van de binnenstad liggen, komen er (nog) nauwelijks toeristen. Zoals in elke wijk in Singapore wordt het beeld ook hier grotendeels bepaald door hoge flatgebouwen, maar er zijn ook nog enkele oude straten te vinden die aan de slopershamer ontkomen zijn. Ondanks de sanering is hier meer dan elders nog iets te proeven van de sfeer van het authentieke Singapore. Net als vroeger doet de plaatselijke bevolking haar inkopen in kleine winkeltjes en eten ze een hapje bij een van de vele eethuisjes.

Geylang Serai vormde samen met de kleinere Kampong Glam het middelpunt van de Maleise cultuur in Singapore. In 1840 brachten de Britten de Maleiers die aan de monding van de Singapore River woonden over naar deze omgeving. In het begin van de 20e eeuw, toen de kokosplantages plaats maakten voor plantages met citroengras (Maleis: *serai*), kreeg de nederzetting zijn huidige naam. Vanwege de enorm snelle bevolkingsgroei was Geylang Serai in de jaren zestig van de 20e eeuw in een sloppenwijk veranderd. Hier realiseerde de regering

van de nieuwe republiek het eerste ambitieuze sociale-woningbouwproject van de stad.

Katong was lange tijd een rustige nederzetting aan de kust en een populaire woonwijk voor Euraziërs en welgestelde peranakan-gezinnen. De **Joo Chiat Road**, de van noord naar zuid lopende 'ruggengraat' van de wijk, valt sinds 1993 onder monumentenzorg.
De inwoners van Singapore, die gek zijn op lekker eten, beschouwen Katong zo ongeveer als het paradijs op aarde. Vooral de uitstekende peranakan-keuken is hier goed vertegenwoordigd.

Geylang Serai Market

In het **Geylang Serai Market & Food Centre**, schuin tegenover het MRT-station Paya Lebar, is alles te koop wat in een Maleis huishouden zoal nodig is: tapijten, huishoudelijke artikelen, Maleise cd's en dvd's, islamitische hoofddoekjes, *sarong kebaya* (traditionele dameskleding), specerijen, gebak, groente, fruit en vlees (natuurlijk geen varkensvlees). Tijdens de ramadan wordt hier de **Pasar Malam** (avondmarkt) gehouden. Ramadan is de islamitische vastenmaand, waarin gelovige moslims van zonsopkomst tot zonsondergang niets mogen eten en drinken. Wie in deze periode een bezoek brengt aan Singapore en iets van de sfeer van de islamitische wijk wil proeven kan het beste na zonsondergang een hapje eten in een *food centre* en vervolgens een kijkje nemen op de feestelijk verlichte Pasar Malam, waar de plaatselijke bevolking inkopen doet voor *hari raya puasa*, het feest dat het eind van de vasten markeert en een van de belangrijkste islamitische feestdagen van het jaar.

Joo Chiat

Loop vervolgens via de **Joo Chiat Road** verder in de richting van East Coast Road. Aan deze straat bevinden zich tal van traditionele winkels en bedrijfjes, met een winkel of atelier op de begane grond en daarboven de woonvertrekken van de eigenaar en zijn gezin. Hier gaat het leven nog zijn rustige gangetje. Er is van alles te koop: een meubelzaak staat naast een handel in motorfietsonderdelen, een piepklein winkeltje verkoopt volgens eigen zeggen de beste *otak* van Singapore (nr. 265; dag. 7–19 uur), een verkoper van *popiah* (zie blz. 42) maakt zijn winkel in orde (nr. 95; tevens *kopi tiam* dag. 9–21 uur), een bakker maakt een uitstalling van kleurige, mierzoete gebakjes *(tueh)* in Maleise of nonya-stijl, en ook de restaurants en karaokebars trekken in de avonduren veel klanten.

In **Koon Seng Road**, een zijstraat van Joo Chiat Road, is een rij oude peranakan-huizen bijzonder kleurig gerestaureerd. De tegels op de voorgevels, die schitterend met bloemen of dieren beschilderd zijn, doen denken aan Portugese *azulejos* (tegeltableaus).

East Coast Road

Joo Chiat Road komt uit op East Coast Road. Zoals de naam al doet vermoeden liep deze straat vroeger vlak langs de kust, maar door de landaanwinningen liggen er hoge flats en een drukke snelweg (East Coast Parkway) tussen East Coast Road en het recreatiegebied East Coast Park. Tussen Still Road en Haig Road is East Coast Road een winkelstraat met een enigszins dorpse sfeer. Het is de moeite waard om een kijkje te nemen bij **Rumah Bebe** (nr. 113), een klein museum en winkel met peranakan-kunstnijverheid. Een tweede vestiging is te vinden op de tweede verdieping van het peranakan-restaurant **True Blue** (nr. 117). De *kopi tiams* en restaurants in deze buurt hebben in de hele stad een goede reputatie. Om de hoek in Ceylon Road bereikt u bij de **Sri Senpaga Vinayagar-tempel** (dag. 6–23 uur) het eind van de wandeling. In 1875 richtte een Tamil uit Sri Lanka op deze plek onder een senpaga-boom een eenvoudig tempeltje op. Onder de boom is volgens een overlevering een beeld van Vinayagar (of Ganesha, de olifantsgod) gevonden.

Route-informatie

Start: MRT Paya Lebar.
Terug naar de stad: van East Coast Road met bus nr. 14 (naar Stamford Road, MRT Dhoby Ghaut) of met de taxi.
Duur: ongeveer 2–3 uur.
Beste tijd van de dag: ontloop de middaghitte – begin ofwel 's morgens ca. 9 uur, of 's middags ca. 15 of 16 uur.
Eten en drinken: kraampjes op de Geylang Serai Market; *kopi tiams* in Joo Chiat Road. In East Coast Road: o.a. Chin Mee Chin Confectionery (nr. 204), Hock Ann Eating House (op de hoek van Joo Chiat Road) en Nonya Laksa op de hoek van Ceylon Road.

Register

Fotoverantwoording

Omslag: Empress Place Building en de wolkenkrabbers van het Financial District
Omslagflap voor: Chinese tuin; blz. 6/7: glimlach van Azië; blz. 28/29: terras van de Bar
Opiume in het Asian Civilisations Museum; blz. 106/107: Chinese tuin

Fotografen

Thomas Stankiewicz (München): blz. 2/3, 9, 14, 28/29, 30, 35, 40, 49, 53, 56, 60, 63, 66, 70, 82, 86, 94, 97, 110, 112
Anne Dehne (Victoria/Australië): blz. 17, 78, 105, 114
Visum (Hamburg): blz. 1, 116 (Engel)
Getty Images (München): omslag (Harding)
laif (Köln): omslagflap voor, blz. 8 (Hemispheres), 74, 77 (On Asia), 102, 106/107 (H
Huber Bildagen   e Finder), 89 (Schmid)

Hulp gevra

De informatie   Het kan dus wel eens
gebeuren dat   e auteur. Is de tekst niet
meer helemaa   es is:
ANWB Uitgev
Postbus 9320
2509 BA Den
buitenlandre

Productie: AN
Uitgever: Jann
Coördinatie:
Vertaling: Ha
Redactie en
Grafisch con
Cartografie: DUMONT, Ostfildern
Gedrukt in Du

© 2007 DuMont Reiseverlag, Ostfildern, © MAIRDUMONT, Ostfildern
© 2008 ANWB bv, Den Haag
Eerste druk
ISBN 978-90-18-02655-4
Alle rechten voorbehouden

Deze uitgave werd met de meeste zorg samengesteld. De juistheid van de gegevens is mede afhankelijk van informatie die ons werd verstrekt door derden. Indien die informatie onjuistheden blijkt te bevatten, kan de ANWB daarvoor geen aansprakelijkheid aanvaarden.